RAINHARD FENDRICH

**Texte,
Bilder,
Geschichten**

RAINHARD FENDRICH

Texte,
Bilder,
Geschichten

VERLAG FECHTER

Rainhard Fendrich, Herbert Fechter, Dieter Chmelar:
„Rainhard Fendrich. Texte, Bilder, Geschichten“.
Wien 1995, Fechter Verlag

© by Fechter Verlag KG,
Sieveringerstraße 194, A-1190 Wien
Tel. 0043-1-440 52 97, Fax 0043-1-440 52 98

ISBN 3-901521-01-1

Alle Fotos: Peter Leopold

außer: Umschlag vorne BMG Ariola, Umschlag hinten BMG Ariola/ Kuehmstedt,
S.12, 49, 113, 242, 261 ORF/Ali Schafler, S.15 ORF/Pichlkostner,
S.27, 24, 43, 119, 124-189 Polygram, S.23 Andrea Schick (2),
S.48 ORF/Ramstorfer, S.53, 190-233 BMG Ariola, S.97 Kronen Zeitung/Schiel,
S. 101 Kurier/Deutsch, S.104/105, 112 unten, 120 oben Fendrich, 118 privat,
S. 253, 255, 256 Ralf Wilschewski, S. 267 ORF/Johannes Cizek.

Druck: Wiener Verlag, A-2325 Himberg
Made in Austria, Europe.

Inhalt

Geschichten

Von Herbert Fechter

Einleitung

„Wie ist er wirklich, der Rainhard?" lautet die meistgestellte Frage all jener, die wissen, daß ich Rainhard Fendrichs Manager und Freund bin. Jeder möchte gerne einen Blick auf das Privatleben des Stars und einen Blick hinter die Kulissen des Showbiz werfen – und davon leben Generationen von Yellow-Press-Blättchen, die sich ihre „Privatg'schichterln" meist aus den Finger saugen, ganz gut!

Ich antworte auf die oft gestellte Frage meist: „Er ist so wie jeder andere, wenn man ihn läßt." Das befriedigt kaum jemanden. Denn niemand macht sich eine Vorstellung, wie sich das Leben eines „öffentlichen Menschen" wirklich abspielt.

Der Verlust der Intim- und Privatsphäre ist der hohe Preis der Popularität. Die Umwelt behandelt den Künstler anders als den normal Sterblichen, was dazu führt, daß sich auch der Star anders benimmt, als er sich fühlt und benehmen möchte. Er fühlt sich beobachtet, was immer er tut, und erkannt, ohne jemanden zu erkennen. So führt das gemeinsame Auftreten mit einem Star, der alle Aufmerksamkeit auf sich lenkt, stets dazu, daß ich als sein Begleiter unbemerkt und unsichtbar, wie mit einer Tarnkappe, das Geschehen verfolge.

Die folgenden Geschichten aus den 15 Jahren unserer Zusammenarbeit mögen vielleicht für einige die Frage beantworten: „Wie ist er wirklich, der Rainhard?"

Herbert Fechter

Der lästige Fan

Heiß brannte die Mittagssonne auf die Steinstufen der Burgarena Finkenstein in Kärnten nahe dem Faakersee, wo Österreichs Pop-Prominenz gerade für die Fernsehaufzeichnung „25 Jahre Ö3" probte. Mit Ludwig Hirsch, Wolfgang Ambros u.v.a.

Rainhard und Christian Kolonovits sollten begleitet von einem zusammengewürfelten Orchester aus Pop- und Klassikmusikern zur Ehre „ihres" Senders die größten Hits singen.

Und da war noch der Fan mit der Videokamera.

Er war extrem lästig. Zwar ist kein Star vor ununterbrochenem Autogramm-Schreiben gefeit. Selbst wenn man den Künstler vor den „normalen" Fans abschirmt, gibt es noch genügend Saalwarte, Bühnenarbeiter oder Polizisten, die unbedingt für ihre Kinder, Frauen und Freunde Unterschriften benötigen.

Aber das, was dieser Herr in breitem Kärntner Dialekt von Rainhard wollte, war wirklich zuviel:

„San S' so freundlich, singan S' a Stickele von ‚Herz wia a Bergwerk' für mei Freindin", bat er den langmütigen Rainhard und brachte seine Videokamera in Position. Rainhard machte gute Miene und sang.

„Momentale", bat da der Videofreak. „Kenntaten Sie jetzt no sogn, ‚für mei Schatzi alles Gute zum Geburtstag'?".

Rainhard sagte den Satz – doch leider war die Kamera nicht gelaufen.

Inzwischen hatten sich die anwesenden Adabeis amüsiert in den Dialog Fan – Star eingemischt und animierten Rainhard durch Klatschen und Zurufe.

Als auch die dritte Wiederholung noch immer nicht klappte, warteten alle auf Rainhards Reaktion. Normalerweise hätte ich längst eingegriffen, aber ich sah, daß mein Künstler das Spiel mit dem Mann genoß und ihn „am Schmäh" hielt.

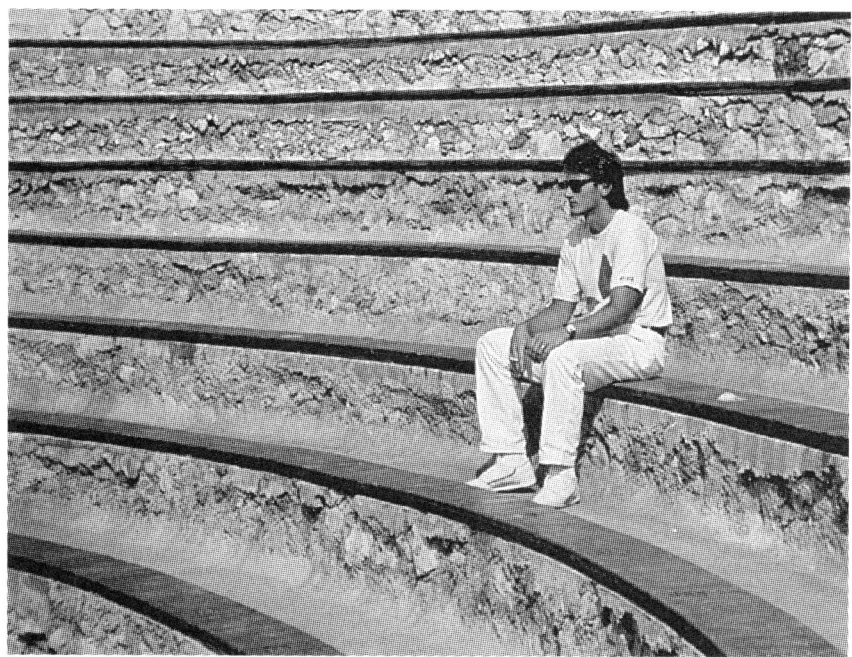

Fendrich in Finkenstein: Minuten später kam das Team der „Versteckten Kamera".

Endlich hatte der Videofreund genug und wandte sich Wolferl Ambros zu.

„Schleich di, Oida", war die kurze Antwort. Und als der Fan nicht locker ließ, folgten einige Worte, die selbst in Wolfgangs Dialektliedern nicht vorkommen.

Jetzt wurde es Ö3-Chef Ernst Grissemann zu bunt. Mit sonorer Stimme und großer Bestimmtheit versuchte er, dem Störenfried die Videokamera zu entwinden. Rufe nach Ordnung wurden laut.

Da gab sich der lästige Fan endlich zu erkennen: „Ich bin der Fritzl Hofmeister vom ORF von der Sendung ,Versteckte Kamera'."

Alle Umsitzenden brachen in Gelächter aus, nur Wolferl und Ernst Grissemann konnten nicht so richtig mitlachen. Sie waren dem bekannten TV-Fallensteller auf den Leim gegangen.

Rainhards Auftritt mit seinem „Fan" wurde zum Sendungs-Highlight – die Beiträge von Wolfgang Ambros und Ernst Grissemanns Intervention wurden nicht gesendet.

Sie sollen deshalb auf diesem Wege der Nachwelt erhalten bleiben.

Duett in letzter Minute

Die beiden Rainhards der deutschen Showszene – einer mit ai, einer mit ei – standen erstmals gemeinsam auf einer Bühne und verstanden sich auf Anhieb blendend.

Nur Kathi Zechner, die Redakteurin der Fernsehsendung „Was wäre wenn", für die gerade in der Wiener Stadthalle geprobt wurde, schwitzte Blut. Die heutige Programm-Intendantin des ORF hatte seit Wochen versucht, die beiden zu einem Duett zu bewegen und klare Auskünfte darüber zu erhalten, ob Reinhard Mey nun ein Medley aus Rainhard Fendrichs Liedern singen oder Rainhard zu Reinhards Liedern einen neuen Text vortragen würde.

Legendärer Auftritt: die beiden Rein(Rain-)hards Fendrich und Mey

Wie so oft verließ ich mich auf Rainhards Inspiration in letzter Minute, beruhigte die Gute und vertröstete sie mit der Versicherung, die beiden würden seit Wochen intensiv miteinander telefonieren und diskutieren. Von wegen – erst jetzt hatten die beiden gerade in der Garderobe beschlossen, sich an Harry Belafontes Traditional „There's a hole in the bucket" zu versuchen, der eine auf wienerisch, der andere mit Berliner Schnauze.

Bei der Generalprobe lief Unterhaltungschef Harald Windisch Amok hinter den Kulissen: „Der größte Sch…, den ich je gesehen habe. Das muß alles viel kürzer werden!"

Vor den Künstlern klang das alles viel gemäßigter, aber die ließen sich sowieso nicht beirren. „Ein Loch in der Kanne" wurde zum Höhepunkt der Sendung, zum am meisten gespielten Programm der Seherwunschsendung „Wurlitzer", und Harald Windisch nahm huldvoll die Gratulation zu seiner genialen Idee entgegen, die beiden Künstler gerade dieses Lied gemeinsam singen zu lassen.

Eine Roßkur für das Zirkuspferd

Rainhards eiserne Disziplin verhindert zwar selbst bei längsten Tourneen meist Krankheiten, doch gegen eine ganz normale Halsentzündung ist selbst er nicht gefeit. So passierte es in Zürich, daß ihm die Stimme versagte und wir miteinander einen Halsspezialisten aufsuchten.

Der Doktor, mit den neuesten Instrumenten ausgestattet, fuhr mit einer Minikamera in Rainhards Rachen, und wir sahen auf einem Fernsehschirm das gerötete Goldkehlchen in überdimensionaler Größe.

Eine Spritze, meinte der Spezialist, würde Rainhard das Singen am Abend und die Fortführung der Tournee ermöglichen. Mannhaft hielt Rainhard der Schwester sein Hinterteil entgegen, die ihn mit der schwyzerdütsch gestellten Frage: „Sind Sie der, wo singet?" eine Antibiotikaration ins Gesäß rammte, die ein Pferd vor Lungenentzündung bewahrt hätte.

Fendrich live: Manchmal kommt er verkühlt auf die Bühne.

Rainhard nahm's gefaßt, allerdings nur, bis wir im Lift standen. Während wir vier Stockwerke abwärts fuhren, wich langsam die Farbe aus seinem Gesicht. Im Erdgeschoß angekommen, war auch Rainhard parterre.

Er saß knapp vor der Bewußtlosigkeit am Boden des Aufzugs und schnappte nach Luft. Ich verfrachtete ihn wieder in die Ordination, wo er sich rasch erholte.

Am Abend sang er, als wäre nichts gewesen. Die Roßkur für das Zirkuspferd hatte gewirkt.

Der Tiefkühlkoch

Die Schlafkojen des Technikerbusses sind so ziemlich das Engste und Unbequemste, das man sich vorstellen kann. Vor allem, wenn man 130 Kilo wiegt wie unser Tourneekoch. Kein Wunder also, daß er auf langen Nachtfahrten kein Auge zutun konnte.

Als der Schlafbus um vier Uhr früh auf einer einsamen Autobahnraststätte anhielt und der Chauffeur sich einen Kaffee gönnte, suchte der Koch in Schlafrock und Pantoffeln, unbemerkt vom Chauffeur, die Toilette des Rasthauses auf. Inzwischen hatte der Busfahrer seinen Muntermacher konsumiert und setzte seine nächtliche Fahrt fort.

Unser Koch stand einsam „ohne Lire und ohne Papiere" da und sah nur noch die roten Rückleuchten des Busses entschwinden.

Bei Außentemperaturen rund um den Gefrierpunkt hörte sich diese Geschichte für die Ohren eines schwäbischen Autobahnpolizisten, den der frierende Koch zu Hilfe holte, reichlich unglaublich an. Trotzdem ließ dieser Gnade vor Recht und Amtsschimmel walten und überstellte den Pantoffelhelden wunschgemäß in die Halle, in der am nächsten Tag gespielt wurde.

Ankunftszeit sechs Uhr früh, kein Hauswart weit und breit und kein Schlafbus. Dieser trudelte gegen halb acht Uhr ein und nahm den durch und durch verfrorenen Tiefkühlkoch auf.

Und das Schlimmste: Niemand hatte bis dahin seine Abwesenheit bemerkt.

Bei den restlichen 60 Tourneekonzerten verließ der Koch den Schlafbus nur noch direkt bei der Halle.

Der konspirative Treff

Der Treffpunkt erinnerte an den „Dritten Mann". Der Heurige „Zur Wildsau" an der Mauer des Lainzer Tiergartens ist selbst für intime Wienkenner nur schwer zu finden. Es regnete, und so hatte naturgemäß niemand an diesem Junimittag den Weg zu diesem gottverlassenen Plätzchen gefunden – außer einer schwarzen ORF-Limousine mit niedriger Autonummer, Rainhard und mir.

Barbara Stöckl und Rainhard Fendrich beim Lokalaugenschein in der Au

Inmitten der leeren Gaststube saß Harald Windisch, Musikantenstadl-Erfinder und Unterhaltungschef des ORF. Er hatte eine Idee:

„Wir retten am Nationalfeiertag die Au", hob er an, uns sein Projekt zu schildern, und dann erklärte er, daß für den Freikauf eines riesigen Naturschutzgebietes östlich von Wien, das der World Wildlife Found einem Adeligen abgekauft und damit vor der Verbauung durch ein Kraftwerk gerettet hatte, noch die runde Summe von 50 Millionen Schilling fehlte.

Und die wollte er ausgerechnet am 26. Oktober 1989 in einer Monster-TV-Show auf die Beine stellen.

Dafür hatte der bullige Windisch den größten Prominentenauflauf inszeniert, den je eine Fernsehsendung erlebt hatte und – jetzt ließ er die Katze aus dem Sack – „Sie, Herr Fendrich, werden das moderieren!"

Rainhard schluckte: „Aber i kann des net."

„I sag Ihnen, Sie kennen des!" Windischs Stimme duldete keinen Widerspruch. „Österreich braucht Sie, es geht um ein nationales Anliegen."

Das hatte gesessen.

Leise galoppierten die Lippizaner durch den Raum, ein rot-weiß-roter Hauch schien über dem Kamin zu hängen, nur die Bundeshymne fehlte noch.

Rainhard überlegte, was er in dieser ungewohnten Rolle riskierte.

Ich auch! War das nicht der richtige Moment, dem mächtigen Fernsehboß eine eigene TV-Show für Rainhard zu entreißen?

Also sagte ich in die Stille hinein: „Aber wenn er das macht, Herr Windisch, dann ermöglichen Sie uns den Dreh zu Rainhards erster Fernsehshow!"

Herr Windisch zuckte mit keiner Wimper, er war für seine Steherqualitäten bekannt. Er bestellte noch drei Gespritzte, und als sie kamen, stieß er mit uns an: „Okay, i bin einverstanden, Sie moderieren die Au-Show und i krieg morgen das Drehbuch für eure Show."

Ich triumphierte, Harry war zufrieden, nur Rainhard schwitzte. Aber einer muß ja die Arbeit machen…

16

Die letzte Verschiebung

„Oscar Ecco Foxtrott Victor Whisky – clear for landing." Die Stimme aus dem Kopfhörer krächzte, und gleichzeitig ließ Ernst Chwatal, unser Pilot, die zweimotorige Golden Eagle über die rechte Tragfläche steil abkippen, so daß direkt vor uns die Lichter der Startbahn von Wien-Schwechat auftauchten. Ernst genoß Rainhards vollstes Vertrauen, nicht nur, weil er ehemaliger Musiker war, sondern weil er immer den Eindruck vermittelte, Herr der Lage zu sein und weil er nie jenseits irgendeines Sicherheitsrisikos flog.

Seine kleine „Soundair" brachte Rainhard und die Band zu vielen Fernseh- und Liveauftritten und zumeist noch in derselben Nacht zurück. Jedesmal durfte einer der Musiker am Copilotensitz Platz nehmen, und geduldig erklärte Ernst jedes Instrument und jeden Handgriff. Hamburg, Hannover, Zürich, Berlin, Bozen, Innsbruck, Nürnberg, das waren unsere Kurz-Ziele – nach einigen Dutzend Flügen war unsere Golden Eagle ein vertrauter Freund, der sogar Rainhard die Flugangst nehme konnte.

Schnell, aber mitunter gefährlich: Privatflugzeuge

Eines Tages eröffnete uns Ernst, daß er nun auch die Berechtigung zum Fliegen von kleinen Düsenmaschinen hätte. Wir buchten bei nächster Gelegenheit statt unserer Eagle eine elfsitzige Düse. Unser Flugziel war Bregenz, wo Rainhard ein Konzert auf der Festspielbühne nachspielen sollte, das wegen eines beginnenden Gewitters 14 Tage davor hatte abgesagt werden müssen.

Ruhig flog der Jet durch den blauen Himmel, die Sicht schien unendlich. Ernst, souverän und sicher wie immer, erklärte uns, daß beim Fliegen eines Düsenflugzeuges einfach alles mit der vielfachen Geschwindigkeit ablaufe und daher erhöhter Aufmerksamkeit und schnellerer Reaktion bedürfe.

Wir begannen unseren Anflug auf Friedrichshafen. Am Bodensee tummelten sich Hunderte weiße kleine Flecken – Segel- und Motorboote. Während der Copilot ständig dem Tower die aktuelle Flughöhe durchgab, blickte Ernst aufmerksam nach vorne. In der Vorfreude auf das Konzert waren alle in Hochstimmung.

Da riß Ernst plötzlich den Jet nach links, und im selben Augenblick sahen wir wenige Meter neben unserem Kabinenfenster ein Segelflugzeug mit der Geschwindigkeit einer Gewehrkugel vorbeischießen. Im Bruchteil einer Sekunde hatte Ernst reagiert und einen Zusammenstoß mit dem unerlaubt in der Einflugschneise kreisenden Segler verhindert.

Erstmals sahen wir unseren Piloten bleich.

Kaum waren wir am Boden, stürmte er zum Tower, um seine Meldung zu machen. Da wurde Rainhard und mir klar, daß wir offenbar wirklich knapp einem Zusammenstoß in der Luft und damit dem sicheren Tod entgangen waren. Ohne die rasche Reaktion von Ernst hätten wir das Konzert wieder absagen müssen – diesmal allerdings ohne die Chance auf Wiederholung.

Werbung und Hymne

Lisa hieß das weibliche Wesen, das Rainhard seine Unschuld raubte. Ihr Haar war braun, und damit sie stillhielt, brauchte sie ärztlichen Beistand. Ich spreche von der Partnerin, die Rainhard bei seinem ersten Werbespot assistierte – einer zehnjährigen Milchkuh aus Oftering in Oberösterreich.

Lang hatte sich Rainhard seine werbliche Jungfräulichkeit bewahrt – die Angebote, die an ihn herangetragen wurden, waren entweder vom Produkt her inakzeptabel oder vom finanziellen Rahmen uninteressant.

Die meisten Werbemanager wollten, daß Rainhard einen produktbezogenen Hit

Fendrich, der Sänger, und Lisa, die Kuh

komponierte, und sobald die cleanen Werbeprofis ihre Briefings abgaben, fiel Rainhard überhaupt nichts mehr ein; zumindest nicht zum gewünschten Zeitpunkt. So hatten wir einmal ernsthafte Gespräche mit einem großen österreichischen Unternehmen geführt, das sich von Rainhard (Österreich befand sich gerade am Höhepunkt der Waldheim-Kampagne und hatte im Ausland starke Imageprobleme) ein patriotisches Lied, das das österreichische Selbstbewußtsein heben sollte, erwartete. Die Idee kam – allerdings gut zwei Jahre später.

Mit „I am from Austria" schrieb Rainhard eine neue inoffizielle österreichische Bundeshymne.

Fendrich im Milch-Werbespot.

Mit diesem Lied hatte er die Emotionen des Publikums wirklich getroffen, wir merkten es in den Konzerten und an den vielen Briefen speziell von Auslands-Österreichern. Gerade weil Rainhard in den Konzerten fühlte, was in den Menschen vorging, die tausendstimmig mitsangen, verweigerte er jegliche Parodiegenehmigung für dieses Lied. Ein österreichischer Kleinkünstler, dessen Fäkalsprache eine Reihe von Anhängern fand, nutzte dieses Verbot für eine Parodie von „I am from Austria" pressemäßig so geschickt aus, daß er im Schatten dieser nicht auf Platte erschienenen Parodie endlich auch zu seinem zweifelhaften Erfolg kam.

Aber zurück zu Lisa und Rainhards werblicher Defloration.

Johann Schuhböck, der aus Bayern zur Sanierung der Wien Milch AG zu Hilfe geholte Manager, war von Rainhard bei einem Konzert in der Münchner Olympiahalle so begeistert, daß er beschloß, Rainhards Lied „Nix is fix" in einen Werbeslogan für sein Produkt „Nöm Mix" umzuwandeln.

Beim Heurigen in Grinzing überzeugte er uns von der Qualität seiner Produkte – Nimm Milch und Nöm Mix Joghurt – und ließ Rainhard vor allem freie Hand bei der Gestaltung der Kampagne. Rainhard wiederum brachte Rudi Nemeczek ins Spiel, eine erfolgreicher Werbemanager, früher Musiker und Leadsänger der Popgruppe Minisex. Rudi fand ein originelles Konzept, das Rainhard und die Wien Milch gleichermaßen begeisterte.

Und so standen wir also im Stall der Familie Wurm mit drei Kühen, zwanzig Mann Filmteam, Tierarzt und staunenden Dorfkindern. Rainhard führte ein ums andere Mal ein Glas Milch zum Mund, klopfte Lisa auf den breiten Rücken und dokumentierte so die Naturreinheit der Nimm Milch. Für den Früchtejoghurt-Spot hatte sich Rudi eine noch wildere Version einfallen lassen. Während Rainhard im Bett liegend und fernsehschauend sein Fruchtjoghurt löffelt, entzieht ihm eine feine Frauenhand dieses und löscht das Licht. Rainhard ißt unbeirrt weiter und meint beziehungsvoll: „Täglich eine kleine Freude. Nöm Mix – so viel ist fix!"

Dieser Spot wurde auf Anhieb für die zwanzig besten österreichischen Werbespots des Oscars der Werbewirtschaft „Top Spot" nominiert.

Auf seiner Heimat höchster Zinne

Ich saß auf der Terrasse unseres Hotels in Heiligenblut und starrte auf den schnee-bedeckten Gipfel des Großglockners, der in den azurblauen Sommerhimmel ragte. Ein winziger gelber Punkt quirlte immer lauter werdend vom Gipfel über das ewige Eis des Pasterzengletschers auf das Hotel zu.

Rainhard und das Kamerateam kehrten im Hubschrauber vom letzten, vom aufwendigsten und spannendsten Dreh der ersten TV-Show zurück. Harald Windisch, der damalige Unterhaltungschef des ORF, hatte Wort gehalten und den teuren, in aller Welt gedrehten Film finanziert.

Rainhard drehte in Florida, in New York, am Flughafen in Wien und jetzt hier auf Österreichs höchstem Berg. Ein Bergsteigerfreund hatte die Idee geliefert:

„Jeder Österreicher sollte einmal auf seiner Heimat höchster Zinne gestanden haben", meinte er pathetisch, und Rainhard verwertete die Idee sofort.

„Wir drehen ‚I am from Austria' am Glockner!"

Dreimal hatte uns das Wetter einen Streich gespielt und eine Besteigung unmöglich gemacht, doch heute paßte einfach alles.

Leo Baumgartner, der Bergsteigerguru aus Lienz, hatte Rainhard und die Crew mit allem ausgestattet, und steigeisenbewaffnet ging's zeitig am Morgen von der Adlers-ruh zum Gipfel.

Dort eine hollywoodreife Aktion – der Kamerahubschrauber mit dem auf den Kufen sitzenden Kameramann, dem wild gestikulierenden Regisseur Kurt Pongratz und einem brüllenden Playback kreiste immer wieder ums Gipfelkreuz und ermöglichte sensationelle Bilder.

Rainhard, der seine Gitarre auf der Schulter zum Gipfel geschleppt hatte, saß umringt von zwei Dutzend Bergsteigern, die dem ungewohnten Schauspiel interessiert folgten, ans Gipfelkreuz gelehnt und versuchte so entspannt wie möglich gegen das

Video am höchsten Punkt Österreichs: Fendrich am Großglockner

Rotorengeräusch des Hubschraubers „I am from Austria" zu singen.

Nach sechs Obstlern löste sich die Spannung; der höchste Videodreh, der je stattgefunden hatte, und das Bewußtsein, daß in den vergangenen sechs Wochen sensationelles Material entstanden war, trug zur Hochstimmung bei.

Rainhard hatte sein großartiges schauspielerisches Talent unter Beweis gestellt. „Jetzt", dachte ich, „muß nur noch ein TV-Boß dieses Talent entdecken und…" Meine Phantasie schlug Kapriolen.

Aufstieg mit Gitarre

Der verhängnisvolle 1. Juli

Der erste Plattenvertrag Rainhards wurde auf seiten der Plattenfirma Phonogram vom damaligen Geschäftsführer Gerald Jacobs unterschrieben. Dennoch verstand es ein Mann, jahrelang den Eindruck zu erwecken, er hätte Rainhard Fendrich entdeckt. Wolfgang Arming war einer der begnadetsten Promotionleute in Österreichs Medienszene, vor allem in eigener Sache.

Das Ambros-Fendrich-Open-Air erschien als Platte.

Wolfgang Arming leitete die damals neugegründete Polygram Österreich und war ein Meister der Anpassung: die Fama berichtet, daß er stets drei verschiedene Verkleidungen im Büro aufbewahrte und solcherart seine Künstlerklienten immer im richtigen Kostüm empfing. Gab er sich bei volkstümlichen Musikern jovial im Trachtenanzug, stand er kurz darauf mit Anzug und Krawatte für die Begrüßung eines klassischen Künstlers bereit. Mit Austropoppern parlierte er gerne in betont jugendlichem Outfit in Jeans und Pullover.

Arming anerkannte Rainhards künstlerisches Potential, fand mit seiner anbiedernden Art aber nie richtigen Zugang zu ihm. Sehr bald führte seine eigenwillige Auffassung über die Rolle des Künstermanagements zu schweren Verstimmungen.

Seinen größten Fehler beging er, als er neben dem aufstrebenden Star Rainhard Fendrich auch den damaligen Topseller Wolfgang Ambros einkaufte und das öffentlich als sein Lebenswerk bezeichnete.

Eine Situation, die unausweichlich zum Konflikt führen mußte: Hier der im Haus groß gewordene Polygram-Jungstar Fendrich auf dem Weg zur Nr. 1, dort der teuer eingekaufte Platzhirsch Ambros, dessen Karriere die ersten meßbaren Abnützungserscheinungen zu zeigen begann. Und während Arming einen aussichtslosen Trapezakt zwischen Rainhard und Wolfgang versuchte, war mir bald klar, daß eine neue Plattenfirma gesucht werden mußte.

Der 1. Juli 1984 brachte die Entscheidung.

Ambros-Manager Johann Hausner hatte Rainhard eingeladen, bei einem großen Open-Air im Weststadion mit Wolfgang gemeinsam aufzutreten. Wolfgang Ambros war, was seine imponierende Bühnenpräsenz betraf, stets Rainhards Vorbild gewesen. Das Angebot auf Einnahmenteilung war günstig und fair, und so willigte Rainhard ins gemeinsame Open-Air ein.

Es sollte die schwerste Show seines Lebens werden.

Das Wiener Weststadion war bis zum letzten Platz ausverkauft. Während sich die Fendrich-Fans aber auf den viele Meter entfernten Sitzplatztribünen versammelten, vereinnahmten die Wolfgang-Schlachtenbummler den Platz vor der Bühne und skandierten, als Rainhard auftrat, immer wieder „Wolferl, Wolferl"-Sprechchöre. Eine für Rainhard vollkommen ungewohnte Situation, war er doch ein aufmerksames, begeisterungsfähiges Konzertpublikum gewohnt, das auch während längerer gesprochener Passagen stillhielt. Rainhard absolvierte diesen Auftritt professionell, war jedoch im Innersten getroffen. Wieviele seiner Freunde auf den Tribünen jubelten, bekam er nicht mit.

Und als Wolfgang Ambros seinen Auftritt mit den Worten begann: „Na, g'fallt's euch jetzt besser?" und seine Fans begeistert grölten, da beschloß Rainhard, nie wieder gemeinsam mit einem anderen Star in einem Konzert aufzutreten.

Daß die Polygram Wolferls unkollegiale Begrüßungsworte auch noch auf die von diesem Konzert erschienene Platte preßte, das verzieh ihnen Rainhard nie.

Die Suche nach einem neuen Partner für seine Tonträger begann. Gespräche wurden mit allen Plattenfirmen geführt. Alle wollten Rainhard gerne in ihrem Stall, die meisten waren auch bereit, unsere Bedingungen zu erfüllen.

Auch Wolfgang Arming legte in letzter Minute ein Angebot, lag damit aber deutlich unter dem aller anderen. Begleitet wurde dieses Angebot von Aussagen wie „Rainhard ist der faule Apfel in meinem Obstkorb, der entfernt gehört" oder „Es wird keine Polygram-Zeitrechnung vor oder nach Fendrich geben".

Jedenfalls trennten sich die Wege Rainhards und der Firma Polygram; eine Entscheidung, die Rainhard nie bereuen mußte, während Polygram nicht zuletzt dadurch die Nr. 1-Position auf dem Plattenmarkt an BMG Ariola verlor.

Der Herr von Friedberg

**Dreifachgold von der Ariola: Fendrich, Friedberg, Fechter, Ko-
lonovits (von links nach rechts)**

Der „Sirbu", an den sanften Ausläufern des Kahlenbergs gelegen, ist ein Geheimtip unter wahren Heurigenkennern Wiens. Wer im Garten sitzt, blickt über Weingärten auf den Kahlenberg und Leopoldsberg bis hinunter ins Donautal.

Der Sirbu war als Treffpunkt vereinbart, als Rainhard das erste Mal Stefan Friedberg, den Chef der österreichischen Ariola, treffen sollte. Plattenverträge sind für den Künstler hauptsächlich von Sympathie oder Antipathie zum Plattenchef abhängig, während Manager um Prozentpunkte, Hüllenabzüge und Beteiligungen feilschen. Vor allem Rainhard agiert in diesen Situationen hundertprozentig aus dem Bauch.

Stefan Friedberg war mein Wunschpartner für Rainhards zukünftige Karriere. Seine überlegene Intelligenz, seine scharfzüngige Formulierungskunst und sein enormes Fachwissen machten ihn zum Grandseigneur der österreichischen Plattenbranche. Er war sozusagen ein Zweiäugiger unter Blinden. Er hatte – unbedankt und von den Medien nie erwähnt – den eigentlichen Grundstock des Austropop gelegt: Wolfgang Ambros, Waterloo & Robinson, Georg Danzer und viele andere waren die Meilensteine, die er als Amadeo-Chef setzte.

Herr von Friedberg ist adelig, liebt das Understatement, trat selten bis nie bei Branchenereignissen auf und lieferte sich jahrelang mit Polygram-Chef Wolfgang Arming, dem genauen Gegenteil all seiner positiven Eigenschaften, ein erbittertes

Vertragsunterzeichnung bei Polygram: Fechter, Polygram-Ettl, Fendrich, Arming

Duell in der IFPI, der Interessensvertretung aller österreichischen Plattenfirmen. Er trug Anzüge, die abseits jeglicher Modeströmung immer gleich aussahen, hatte nicht weniger als fünf Kinder und wohnte in einem schloßähnlichen Anwesen in Maria Anzbach.

Rainhard würde, so dachte ich, den weißhaarigen Herrn schätzen und durch ein persönliches Kennenlernen den Niveau-Unterschied zum Polygram-Chef augenblicklich erkennen. Und Rainhard erkannte.

Beim G'spritzten und beim Schweinsbratl lief der Schmäh. Herr von Friedberg und Rainhard sprachen über alles, nur nicht über den Plattenvertrag. Und trotzdem oder gerade deswegen war am Schluß allen klar, daß Rainhard die Plattenfirma wechseln würde; zwar nicht zur österreichischen Ariola, denn der Vorschlag Herrn Friedbergs ging von Anfang an dahin, Rainhard bei der deutschen Muttergesellschaft anzusiedeln, um uns damit jenes Sprungbrett zu geben, das wir brauchten, um im deutschen Markt Erfolg zu haben. Er sicherte den Plattenvertrag aber dahingehend ab, daß er einen Gutteil der Garantie von österreichischer Seite übernahm und dadurch den Deal für die Deutschen schmackhafter und risikoloser machte. Zwar lief zum Zeitpunkt des Treffens beim „Sirbu" Rainhards Polygram-Vertrag noch zwei Jahre, aber ich wußte, daß Rainhard an jenem Abend den Beschluß gefaßt hatte, bei Ariola zu unterschreiben…

Das Wiedersehen

Der Abend im Münchner Nobelrestaurant ertrank im Korn. Thomas Stein und Horst Bork von Teldec Hamburg hatten Rainhard und mich am Tag vor unseren abschließenden Ariola-Verhandlungen zu einem Gespräch geladen. Sie übertrafen sich in Anekdoten, bei denen allesamt die anderen Plattenfirmen schlecht wegkamen und vergaßen nicht zu erwähnen, welchen Anteil ihre Arbeit an Falcos Erfolg in Deutschland gehabt hatte.

Thomas Stein

Der Abend war mehr als amüsant und endete trotzdem in der klaren Erkenntnis: Die beiden hatten nicht unsere Kragenweite.

Daran ließen wir auch keinen Zweifel. So endete es schließlich in Thomas Steins Worten: „Unterschreibt nur bei Ariola, irgendwann kommt ihr doch noch zur besten Plattenfirma!"

Wenige Monate später – Rainhard hatte gerade „Macho Macho" geschrieben – stellte man uns in der Münchner Ariola den Nachfolger von Friedl Schmidt, der bereits die Pension ansteuerte, vor. Es war kein anderer als – Thomas Stein.

Und Rainhard konnte sich nicht verkneifen, Thomas mit den Worten zu begrüßen: „Hast du jetzt erkannt, welche die beste Plattenfirma ist?" Thomas lächelte gequält, der Erfolg von „Macho Macho" – Gold in Deutschland –, den er sich als Einstieg bei Ariola auf seine Fahnen heften konnte, versöhnte ihn aber.

Der Erfolg hat viele Väter.

Die „einsame" Almhütte

Mit Rainhards Popularität wuchs sein Wunsch nach einem Fluchtpunkt, wo er von Fans und Journalisten, von Szene-„Freunderln" und wahrscheinlich auch von mir seine Ruhe hatte. Ein Ort, an dem er allein seine Gedanken fliegen lassen und ungestört kreativ sein konnte.

Also äußerte er eines Tages vor einem Journalisten den Wunsch, eine einsame Almhütte zu kaufen, was prompt am nächsten Tag in der Zeitung stand.

Ein Sturm an Almhüttenangeboten setzte ein. Es war unglaublich, daß es in Österreich überhaupt so viele Almhütten gab, wie uns in den nächsten Tagen zum Kauf oder zur Miete angeboten wurden.

Eines von Rainhards liebsten Hobbies: das Reiten

Jeder wollte „Raini nationale" überzeugen, daß seine Hütte die einsamste, schönste, preisgünstigste sei.

Ich hatte Landeshauptmannssekretäre und Fremdenverkehrsdirektoren, Realitätenmakler und Bergbauern am Telefon, die Briefe kamen stapelweise. Mir war klar, daß jede dieser Hütten in Kürze zum Wallfahrtsort der Fendrich-Wanderer werden würde. So wie sie auch vor den Toren Brunns nicht haltmachten, wenn es darum ging, ein Autogramm zu ergattern, würden sie auch zur Almhütte pilgern.

Da ich Rainhard seine Idee nicht a priori ausreden wollte, suchte ich vorerst ein

Mietobjekt. Ein Kärntner Hotelier bot seine luxuriöse Almhütte am Dobratsch kostenfrei an und machte sich erbötig, für die Verpflegung des Meisters zu sorgen, wenn dieser ungestört arbeiten wollte. Vor allem aber betonte er – und dies leider einige Male zu oft –, daß er die ganze Aktion gewiß ohne Publicity durchführen wolle. Die Hütte lag phänomenal und war überaus luxuriös. Alles schien ideal – nur das „ohne Publicity" wollte ich gerne testen.

Als wir zu Silvester im Veldener Seeschlößl einige Tage urlaubten, beschloß ich, die Probe aufs Exempel zu machen. Da der Hotelier auch einen Reitstall besaß, kündigte ich uns – streng vertraulich – für einen winterlichen Ausritt an. Mit uns reiste Thomas Frühmann an, der gerade den Springreiterweltcup gewonnen hatte und zu unserem engsten Freundeskreis zählt.

Im Stall wartete bereits – streng diskret – der Villacher Polizeipräsident, offenbar um für unseren Schutz zu sorgen. Den hatte allerdings eher er nötig, denn offensichtlich war der gute Mann noch nie auf einem Pferd gesessen, und schon die ersten Trabschritte des gutmütigen Reittieres brachten ihn ins Schwitzen. Während Thomas, Rainhard und ich durch den frischen Schnee galoppierten, hing unser Beschützer in etlichen Metern Entfernung verzweifelt am Pferdehals. Und als wir von unserem diskreten Ausflug zurückkehrten, da warteten so gut wie alle Kärntner Fotografen und Journalisten auf das obligatorische Foto – Weltcupsieger und Rainhard mit Hotelier. Es erschien am nächsten Tag in ganz Österreich, womit klar war, wie lange die „Diskretion" der Almhütte halten würde.

Rainhard verwarf die Idee.

Tatos Groove

Das Flugzeug zog die vierte Schleife über Düsseldorf. Schmutziggelbe Schlieren verdeckten die Sicht auf den Ruhrpott, und Rainhards Flugangst nahm wieder einmal bedenklich zu. Er haßt Fliegen, besonders wenn die Warteschleifen kein Ende nehmen und der rettende feste Boden unter den Füßen noch auf sich warten läßt.

Tato Gomez: Musiker, Produzent (links unten mit Hartmut Pfannmüller), Mensch

Da saß er also mit schweißnassen Händen, ich neben ihm, im Aktenkoffer das Demo seines neuen Liedes – „Macho Macho".

In Köln sollten wir Tato Gomez, einen chilenischen Produzenten, der seit Jahren in Deutschland lebt und für viele Hits von Miguel Rios bis Purple Schulz („Sehnsucht") verantwortlich zeichnete, treffen.

Rainhards LP „Voller Mond" war von der Kritik bejubelt, vom Publikum aber nicht mit der Euphorie aufgenommen worden, die wir erwartet hatten. Also hatte sich Rainhard hingesetzt und in seinem Studio mit Bruder Harald und Keyboarder Georg Gabler ein neues Lied aufgenommen.

Tato Gomez

Das Thema war Rainhard beim Lesen vieler sogenannter Zeitgeistzeitschriften in den letzten Wochen immer häufiger aufgestoßen, und die Frage einer Hamburger Journalistin: „Sind Sie eigentlich ein Macho?" gab den endgültigen Anstoß für den Titel des Liedes.

„Macho Macho" hatten wir als Demo in Rohform bei uns, um mit Tato Gomez auszuprobieren, ob Rainhard imstande sei, neue musikalische Wege zu gehen, nachdem er sich von seinem jahrelangen Produzenten und Arrangeur Christian Kolonovits in Freundschaft getrennt hatte.

Endlich landete die Maschine. Der dunkelhaarige, große Typ mit dem Schlapphut lächelte gewinnend, als er sich vorstellte. „Gehen wir doch zum Chinesen essen", schlug er vor. Seine Freundlichkeit hinderte ihn allerdings nicht daran, nach dem ersten Anhören des Demos unverblümt die Wahrheit zu sagen.

„Hör mal, Rainhard", begann er, „der musikalische Erfolg eines Liedes basiert auf mehreren Ebenen. Der intellektuellen Ebene, die ist bei dir und deinen Texten hervorragend ausgeprägt; der Ebene des Herzens, also der Emotion – ebenfalls in deinen Liedern ausreichend vorhanden; und der Ebene des Bauches, die bei einem Lied jenes unbewußte Mitwippen verursacht, das oft einen ganzen Konzertsaal erbeben läßt. Und diese Ebene fehlt deinem Lied." Rainhard war, gelinde gesagt, von den Socken, soviel Offenheit hatte er nicht erwartet.

Doch Tato war überzeugend. Nach der chinesischen Ente zogen sich die beiden – verstärkt durch den chilenischen Percussionisten Mario Argandona – in Tatos Keller-Tonstudio zurück und begannen am Computer den Rhythmus der Nummer zu erarbeiten.

Und als der Morgen graute, ohne daß es die drei gemerkt hatten, war Rainhards Lied mit jenem Latin-Groove unterlegt, der wesentlich zum riesigen Erfolg beitrug.

„Macho Macho" war geboren.

Nix is fix –
Ein Titel wird zum Motto

In der feudalen Dachgeschoßwohnung des neuen ZDF-Unterhaltungschefs knallten die Champagnerkorken – zu früh, wie sich später herausstellen sollte.

Wolfgang Neumann hatte Rainhard und mich nach Mainz geladen, um das Konzept der neuen Rainhard-Fendrich-Show zu verabschieden. Der extra aus Los Angeles eingeflogene US-Produzent Michael Hill hatte Rainhard, der nach monatelangen Gesprächen mit den verschiedensten Show-Autoren und dem Verwerfen des x–ten Konzepts schon entnervt war, überzeugt: „You are the show" – so einfach war das.

Peter Hofbauer, unser langjähriger Freund und Förderer im ORF, hatte Harald Windisch als Unterhaltungschef beerbt und setzte alle Hoffnungen in Rainhard. In einer großartigen Generalprobe hatte Rainhard gemeinsam mit Klaus Eberhartinger von der EAV im Rahmen der neuen Sendung „Wer lacht gewinnt" durch sensationelles Geblödel alle bisherigen Einschaltquoten des ORF-Vorabendprogrammes atomisiert und die Erwartungen von Publikum und Presse aufs Höchste geschraubt. Dennoch stand Rainhard voll auf der Bremse, trieb seine Co-Autoren zum Wahnsinn, ersann und verwarf die besten Ideen, je näher der geplante Aufzeichnungstermin rückte.

Proben zur ersten „Nix is fix"-Show

Ich kannte diesen Prozeß der kreativen Selbstzerfleischung, der aber auch sein Gutes hatte – nur die besten Ideen blieben übrig, und Rainhards einmaliges Gefühl für Pointen filterte schlußendlich mit hoher Treffsicherheit das Publikumswirksamste heraus.

Ein Studioplan des vorgesehenen ZDF-Studios in München bot Rainhard eine neuerliche Galgenfrist – nur knapp 100 Zuschauer hätten neben der aufwendigen Dekoration Platz gefunden. Eindeutig zu wenig, um jene Live-Atmosphäre zu erzeugen, die für den Erfolg notwendig war. Das ZDF stieg aus, die ARD ein – Peter Hofbauers genialer Trapezakt sicherte uns die Aufzeichnung in Wien und ihm eine Personality-Show, an die er glaubte.

Mit Regisseur Kurt Pongratz und Jerry Lewis (links), beim Fototermin nach der Show (oben)

Als endlich in Waidring in Tirol die erste Klappe fiel und die königlichen Look-alikes mit Rainhard als Prinz Charles die Skipisten verunsicherten, da hatte nach mehr als zweijähriger Vorbereitungszeit schon niemand mehr so richtig an den Erfolg geglaubt. Doch als Jerry Lewis in den trampelnden Applaus der tausend Aufzeichnungsgäste rief: „Österreich kann stolz sein, einen solchen Entertainer wie Rainhard zu besitzen", da waren wir unserer Sache schon sicherer.

Der Fehler – live

Die Überreichung des Verdienstkreuzes durch Wiens populären Bürgermeister Helmut Zilk war eine Geschichte besonderer Art. Sie sollte vor laufenden TV-Kameras während des Eröffnungskonzerts der Wiener Festwochen stattfinden.

Unglaubliche 60.000 Menschen waren in dieser lauen Mainacht gekommen und hatten den Platz zwischen Rathaus und Burgtheater komplett ausgefüllt. Der ORF filmte mit 13 Kameras, die auf Schienen, Kränen, ja sogar auf einem Zeppelin montiert waren. Alles war minutiös eingeteilt, schließlich wurde Rainhard erstmals von einem 100-köpfigen Symphonieorchester begleitet. Bundespräsident und Kanzler saßen auf der Ehrentribüne, und Rainhard war in hervorragender Stimmung.

Und dann passierte es: Rainhard, der Hunderte Konzerte problemlos abgespult hatte, der den handgeschriebenen Ablauf, der immer am Fußboden vor ihm klebt, nie brauchte; Raini, das Uhrwerk, machte einen Fehler.

In der Euphorie des Abends übersprang er irrtümlich einen ganzen Programmteil, ließ fünf Lieder ganz einfach weg – und begann mit der Einleitung zu einem Lied, mit dem niemand an dieser Stelle gerechnet hatte.

Ich merkte es sofort, und Rainhards Band, die mit ihm gerade durch das Stahlbad einer Mammut-Tournee

Bürgermeister Helmut Zilk überreicht den Orden an Rainhard Fendrich.

gegangen war, merkte es auch. Aber das Orchester, nur für diesen Abend engagiert, war aus der Fassung.

100 Geiger, Bläser, Schlagwerker begannen hektisch in einem Stapel Noten zu blättern, bemüht, daß ihnen der Wind nicht alles aufmischte und unwiederbringlich verwehte.

Ich gestikulierte neben 'der Bühne wie verrückt, was Rainhard wohl sah, aber nicht zu deuten wußte. Er dachte wahrscheinlich, ich sei übergeschnappt.

Inzwischen war im Troß des Bürgermeisters Hektik ausgebrochen. Beamte und Sekretäre rannten wie um ihr Leben, sie mußten den Bürgermeister finden, der erst in gut zwanzig Minuten mit seinem Auftritt rechnete. Rainhard redete unbeirrt weiter, das Orchester blätterte, die Band wartete gespannt, was nun kommen würde, und ich dachte an die Hektik, die jetzt in all den Kamera-Wägen und Tonübertragungsautos des

Fendrich live am Rathausplatz mit Spaniens Miguel Rios

Fernsehens wohl ausgebrochen sein mußte.

All die Proben, die tagelang einstudierten Kamerafahrten, alles hatte sich in Nichts aufgelöst – und das live. Endlich sah ich den Bürgermeister herbeieilen, gefolgt von einer Armada von Mitarbeitern, alle keuchten – nur Rainhard und das Publikum hatten immer noch nichts gemerkt.

Jetzt trat der Bürgermeister auf die Bühne und begann seine kurze Rede, Rainhard arbeitete sich hinter ihm, das verschwitzte Gesicht ins Handtuch gepreßt, zu mir herüber: „Was ist los, warum fuchtelst du herum?"

„Du hast fünf Lieder ausgelassen", sagte ich und beobachtete, wie sich seine Pupillen weiteten.

„Na geh", sagte er ungläubig und merkte in diesem Augenblick, daß 200 Musiker-augen sehnsüchtig auf ihm ruhten, um endlich zu erfahren, wohin sie jetzt wieder blättern sollten.

Auf dem Rückweg zur Bühne, wo Bürgermeister Zilk gerade das Verdienstkreuz für seinen „Freund Rainhard, der so viel für diese Stadt und seine Bewohner getan hat" zückte, informierte er Christian Kolonovits, den Dirigenten des Abends, wie es weitergehen sollte, dann ließ er sich den Orden an die Brust heften – exakt zwanzig Minuten zu früh.

Die Feuerwehrübung

Jeder Saalwart ist der Kaiser seiner Halle mit unbeschränkten Rechten. Sein Wille geschehe und wehe man handelt ihm zuwider.

So ist es auch in Tulln, einer kleinen, österreichischen Stadt an der Donau, wo der Saalwart partout nicht einsehen wollte, daß Trockeneis nicht brandgefährlich ist, sondern nur das Bühnenlicht besser sichtbar macht.

Wichtiger Bestandteil jeder Rockshow: der künstliche Bühnennebel

Nachdem er die Verwendung des in aller Welt üblichen Bühnennebels untersagt hatte und die Lichttechniker trotzdem die Bühne bei Vorstellungsbeginn einnebelten, rief er kurzerhand die örtliche Feuerwehr. Rainhard blickte, als er die Bühne betrat und sich die Nebel lichteten, direkt ins spritzbereite Rohr der blankbehelmten, im Kommandoschritt aufmarschierten örtlichen Freiwilligen Feuerwehr. Die Einsatzbereiten standen etwas belämmert da, als sich der Trockeneisdampf blitzschnell verzog und sie sich ins Spotlight der Bühne gerückt sahen.

Rainhard machte gute Miene zum bösen Spiel, stellte den Feuerwehrkommandanten und seine Truppe vor, lud sie auf eine Kiste Bier ein, und der Saalwart weiß ab nun, daß Trockeneis nicht brennt.

Fluchtpunkt Florida

Punta Gorda heißt der einsame Fleck an der Westküste Floridas, wo sich Rainhard seinen Fluchtpunkt außerhalb Österreichs suchen sollte. Eine für Florida typische Seniorensiedlung, sauber und anonym, an einem Kanalnetz gelegen. Von dort aus konnte man in längerer Bootsfahrt durch die mangrovenbedeckte Riesenbucht von Punta Gorda die herrlichen, naturbelassenen Inseln erreichen, die den „Intercoastal" vor dem offenen Meer des Golf von Mexico schützten.

Aus unerfindlichen Gründen hatte sich gerade dort eine Anzahl von Österreichern angekauft, Glücksritter und Millionenerben, Steuerflüchtlinge und Sonnenhungrige. Das Haus war neu, nicht allzu groß, praktisch angelegt und für amerikanische Verhältnisse „europäisch".

Fendrichs Haus in Punta Gorda, Florida

Beim Kauf hatte mir Rainhard am Telefon vorgeschwärmt, wie ungestört er hier sei. Um so bitterer das Erwachen, als wenige Tage später der erste österreichische Fotograf uneingeladen im Wohnzimmer stand. Dennoch, Rainhard hatte erstmals seit Jahren wieder die Chance, unerkannt und unbeobachtet so zu sein, wie er sein wollte, sich neue Freunde zu suchen, die sich nichts von der Bekanntschaft mit ihm

versprachen. Er tat all die kleinen, normalen Dinge des Lebens, die für ihn in Österreich längst zu einem Spießrutenlauf von Autogrammegeben und Händeschütteln geworden waren.

„Weißt du, wie herrlich es für mich ist", begeisterte er sich, als ich ihn das erste Mal besuchte, „unerkannt und unbeobachtet in die Shopping-Mall einkaufen zu fahren?"

Wir machten die Probe aufs Exempel.

Rainhard in Bermudashorts und Badeschlapfen, unrasiert und mit wilder Frisur, chauffierte seinen 68er-Chevy zum Einkaufszentrum. Als wir die hypermoderne Einkaufsstraße

Relaxen unter der Sonne Floridas.

betraten, bewegte sich Rainhard so frei und unbeschwert, wie ich es seit Jahren nicht mehr erlebt hatte. Dafür hatte ich komischerweise das Gefühl, beobachtet zu werden.

Aber es war doch unmöglich, daß hier, abseits vom Touristenrummel in Miami und Disneyworld, irgend jemand Rainhard kennen sollte. In diesem Moment trat ein Ehepaar mit Kinderwagen auf uns zu:

„Entschuldigen Sie", radebrechte der Mann in deutsch, „Ich bin Brian Stankiewicz und spiele in Innsbruck Eishockey, das ist meine Tiroler Frau, wir sind Riesenfans von Ihnen. Könnten wir ein Autogramm haben?"

Rainhard setzte ein professionelles Lächeln auf, und ich flüsterte: „Von wegen unerkannt."

Monti und die Münchner

Als Rainhard wenige Wochen nach dem Wiener Gespräch mit Stefan Friedberg im Deutschen Theater in München eines seiner Konzerte spielte, hatte die deutsche Ariola die gesamte erste Reihe aufgekauft und war, angeführt vom Boß Monti Lüftner, komplett erschienen. Monti, ein steirischer Hallodri, der es zu einem der erfolgreichsten Auslandsösterreicher gebracht hatte, war trotz vieler Jahrzehnte zwischen München und New York, trotz milliardenschwerer internationaler Plattendeals (er hatte durch den Kauf von Ariola den Zusammenschluß zwischen

RCA und Ariola zur weltgrößten Plattenfirma, der Bertelsmann Music Group, vorbereitet) ein echter Österreicher geblieben. Weder hatte seine Sprache irgendeine andere Dialektfärbung als die österreichische angenommen, noch hatte er sich in seinem Wesen verändert. Er war ein Kumpeltyp, der es meisterhaft verstand, mit Kunstlern zu reden. Ein Guru des Small Talks, der aber, wenn es darauf ankam, auf den Punkt zu formulieren wußte.

Monti saß 1. Reihe, Sitz 1 und verbarg in jeder Pause zwischen den Musiknummern sein Gesicht hinter dem Programmheft. Was sich Rainhard von der Bühne aus nicht erklären konnte, fand in der Pause, als Monti und seine Gang

Monti Lüftner

in der Garderobe einfielen, seine Erklärung. Monti war direkt vom Finale eines seiner legendären Tennisturniere ins Konzert geeilt und so durstig und verschwitzt, daß er nach jeder Nummer an der Mineralwasserflasche zog, und die hatte er im Programmheft versteckt.

Monti schwärmte Rainhard vor, daß er seit „Strada del Sole", seit „Oben ohne" immer nur hinter ihm her gewesen sei, und daß sein Lieblingslied, das er zum „Einbraten" seiner unzähligen Damenbekanntschaften verwendete, stets „Herz wia a Bergwerk" wäre. Und sollte es nicht wahr gewesen sein, so war es jedenfalls perfekt geschwindelt. Monti war ein herzerwärmendes Original. Monti war sprühend, umgarnend und ein aufrichtiger Fan von Rainhard, und wenn er seine „Freunde in der amerikanischen Showszene", wie zum Beispiel Whitney Houston, erwähnte, so war es dermaßen überzeugend, daß man das Gefühl hatte, für ein Gespräch mit ihm dankbar sein zu müssen.

Am nächsten Tag rollte Montis schwarzer 600er-Mercedes mit livriertem Chauffeur vor dem Hotel vor, man bat uns zum ersten Gespräch. Die Führungsetage von BMG hatte sich vollzählig versammelt. Friedl Schmidt, ein väterlicher Typ, Christoph Schmidt, der junge sympathische Finanzchef, Monti und einige Manager aus dem A & R-Bereich präsentierten sich und die Ariola. Sie taten es dermaßen geschickt – indem sie nämlich vermieden, die anderen Plattenfirmen schlecht zu machen, sondern lediglich ihre eigenen Leistungen hervorhoben – daß Rainhard beim Hinausgehen sagte: „Hier fühle ich mich daheim, ich möchte unterschreiben."

Damit war für mich der Weg frei, einen neuen Vertrag auszuhandeln.

Wie im Radio

Spätestens seit Helmut Qualtinger weiß man um die Wichtigkeit der Provinz als Lehrstätte für jeden Showeleven, und so war uns für Rainhards erste Tournee ein österreichischer Schulwettbewerb für Nähen, veranstaltet von der Firma Singer, gerade recht.

„Junge Mädchen machen Mode" hieß die Veranstaltungsreihe, die durch alle Landeshauptstädte führte, wo die Siegerinnen ihre selbstgefertigten Modelle vorzeigten und wo ein Showprogramm geboten werden sollte.

Rainhard hatte gerade seine erste LP auf den Markt gebracht, und sein Lied „Zweierbeziehung" war häufig im Radio zu hören. Ich hatte ihn mit viel Mühe von Regisseur Winfried Baasner und den Proben im Schauspielhaus freigekämpft, und er sollte sowohl als Moderator des Abends als auch als Star des Showblocks fungieren. Eine harte Schule, aber gerade das Richtige, um die Karriere Rainhards zu starten.

Rainhard schlug sich prächtig, kassierte seine erste Gage als Sänger und sammelte wertvolle Bühnenerfahrung. Die Mädchen, Schuldirektorinnen und Jurorinnen liebten ihn gleichermaßen. In der Wiener Jury saß Ilona Gusenbauer, Weltrekordlerin im Hochsprung und eher im Sport als

Rainhard Fendrich & Dieter Frank auf der Rückseite des ersten Fendrich-Albums

im Showbusiness zu Hause. Als Rainhard in seiner Rolle als Moderator den Showblock mit sich selbst ansagte und seine „Zweierbeziehung" anstimmte, meinte sie zu mir begeistert: „Der ist ja phantastisch, der klingt ja genauso wie das Original im Radio!"

Nie wieder Playback

Auftritte bei Firmengalas sind für den Künstler eine meist schwierige Sache. Erstens hat das Publikum nichts bezahlt und schätzt das, was es geschenkt bekommt, nicht so sehr, als wenn es eine Eintrittskarte dafür kauft. Und zweitens sind die Kongreß- oder Seminarteilnehmer, denen solche Gala-Stargäste vorgesetzt werden, meist schon vom Tagesablauf erschöpft.

So auch bei einem Auftritt von Rainhard für eine Salzburger Autofirma im winterlichen Bad Hofgastein. Der Auftritt war für Mitternacht angesetzt, Rainhard hatte am Abend in Kufstein ein Konzert gespielt, und wir waren in abenteuerlicher Nachtfahrt durch die verschneite Landschaft ins Gasteiner Kongreßzentrum vorgestoßen, wo 200 Autohändler bereits müde in den Sesseln hingen. Der Auftritt war Halbplayback. Das heißt, die Musik kam vom Band, Rainhard sang live dazu und sprach zwischen den Liedern verbindende Texte.

Junker Babich

Junker Babich, ein Wiener Original, rund 100 Kilo schwer und jahrelanger Verleiher unserer Licht- und Tonanlagen, war der Techniker. Er hatte sich mit seinem Bandabspielgerät neben der Bühne so plaziert, daß Rainhard ihn sehen konnte und auf sein Einsatzzeichen hin zu singen begann. Nach ungefähr fünf Liedern mußte Junker das Band wechseln und hatte mit Rainhard eine etwas längere Zwischenmoderation vereinbart, um genügend Zeit zu haben, den schwierigen Rollenwechsel vorzunehmen. Nun handelt es sich bei den Playbackbändern nicht etwa um eine Kassette oder ein Band, wie wir es von Heimmaschinen kennen, sondern um professionelle Rollen, die nur ganz locker um einen Mittelkern – Bobby genannt – gewickelt und nicht durch zusätzliche Halterungen gesichert sind.

Die Autohändler jubelten, Rainhard sang und plauderte und kam endlich zu besagter Stelle. Während er zu einem etwas längeren Plausch anhob, beobachtete er, wie Junker die alte Tonrolle entfernte, die neue aus der Schachtel nahm, und als er sie gerade aufsetzen wollte, lief sie wie eine Faschingspapierschlange vom Bobby ab.

Innerhalb weniger Sekunden stand Junker bis zu den Knöcheln im Bandsalat und begann im Schweiße seines Angesichts das Band neu auf den Bobby zu rollen. Rainhard erzählte von seiner Kindheit, seiner Schulzeit, seiner Jugend, seiner Karriere – und Junker wickelte und wickelte. Die Autohändler forderten unruhig werdend das nächste Lied und Rainhard kramte ungeahnte Geschichten aus seiner Erinnerung hervor.

Endlich, nach unendlich langen sieben Minuten, hatte Junker das Band wieder abspielbereit und gab Rainhard das vereinbarte Zeichen. Und Rainhard sang. Als er von der Bühne kam, gab er mir einen Auftrag, den er bis heute nicht widerrufen hat: „Playback", sagte er, „spiele ich nie wieder."

Auf dem Rücken der Pferde

Das Putenschnitzel „American" beim Dorfwirt in Leobendorf ist eine Sensation: Über den Teller hängend, ohne Brösel, nur mit einer Maiskruste herausgebacken, hat es dem fülligen Wirt zu überregionaler Berühmtheit verholfen. Für Rainhard und mich war der Dorfwirt stets Einkehr nach all den langen Ausritten, die wir vom Reitstall Burg Kreuzenstein aus unternahmen. Wenn wir so durch die Landschaft ritten, hatten wir Gelegenheit, ungestört über verschiedene Dinge zu reden, und so manche Idee wurde auf dem Rücken von Elvis – so hieß Rainhards Kohlfuchs – geboren.

Fendrich und „Elvis"

46

Für Rainhards Tierliebe gibt es viele Beispiele: seinen ersten Hund rettete er aus einer Mülltonne in Israel, in Mallorca kaufte er auf dem Markt einem Händler alle Vögel ab, um sie sofort freizulassen.

Nur mit seiner Liebe zu Pferden brauchte es einige Zeit und Überwindung. Von einem Pferdebiß in früher Jugend verschreckt, hatte Rainhard stets ein etwas distanziertes Verhältnis zu Reitpferden. Eines Tages überraschte er mich in meinem Reitstall, indem er plötzlich in perfekter Reitkleidung auf dem Pferd saß und mit mir ausritt. Heimlich hatte er in der Nähe des Achauer Tonstudios zwischen den Plattenaufnahmen Reitstunden genommen, und es dauerte nicht lange, da kaufte er sein erstes eigenes Reitpferd: Domino. Der Schimmel war eine brave Mähre, und Rainhard begann sofort mit großem Ehrgeiz Dressurunterricht zu nehmen. Sein Bewegungstalent und seine rasche Auffassungsgabe machte ihn bald zu einem passablen Reiter.

Der Dorfwirt war natürlich stolz darauf, daß solche Prominenz wie Rainhard bei ihm verkehrte. Seinen größten Wunsch aber konnten wir ihm nicht erfüllen, daß nämlich Rainhard einmal im Leobendorfer Bierzelt beim jährlichen Volksfest aufgetreten wäre. Immer wieder versuchte er zwischen Putenschnitzel American und Mayonnaisesalat sein Glück bei Rainhard. Und als dieser ihn einmal fragte, wie er sich denn einen Auftritt vorstelle, lieferte er uns ein klassisches Zitat, das wir immer verwenden, wenn es um die naive Vorstellung von Außenseitern zum Thema Auftritt geht:

„Was soll ich in deinem Bierzelt machen, da ist ja nicht einmal Platz für meine Musiker?"

Darauf der Wirt: „Na, stell di aufe und scheib a Wuchtl!"

Wenn das so einfach wäre, hätten wir jeden Tag einen Volksfestauftritt gebucht.

Ein Herzblatt kostet Herzblut

Rainhard sonnte sich an seinem Pool in Florida, wo er gerade mit Tato an seiner neuen Platte arbeitete. Ich hoffte auf die Gunst des Augenblicks, die meist darüber entschied, ob er sich für eine neues Projekt begeistern konnte oder nicht.

„Man hat dir Herzblatt angetragen", begann ich also.

„Was ist das?"

Ich konnte Rainhard schnell auf die Sprünge helfen: „Die Sendung mit Rudi Carrell, über die wir so gelacht haben!"

Das offizielle „Herzblatt"-Pressefoto

„Und warum wollen die mich?"

Das ungläubige Staunen von Rainhard war echt.

„Weil die ARD-Bosse nach der Aufzeichnung von ‚Nix is fix' überzeugt sind, daß du es kannst."

„Ich will mit ihnen reden", entschied Rainhard.

Auf dem Flug nach München wußte ich, daß wir schon halb gewonnen hatten. Das Blitzlichtgewitter überraschte selbst den Medienprofi Rainhard. Konnte eine Vorabendsendung, die 126 Folgen lang von Rudi Carrell präsentiert worden war, wirklich mehr Aufmerksamkeit erregen, als zwölf Jahre Plattenkarriere? Langsam dämmerte Rainhard, worauf er sich da eingelassen hatte.

Aus Fendrichs erster „Herzblatt"-Show: Carrell-Parodie

„Wenn das schiefgeht, können wir einpacken", flüsterte er mir zu. Ich wußte, daß er recht hatte, sagte aber: „Warum sollte das schiefgehen?"

Rainhard war konzentriert wie schon seit langem nicht. Er ging um neun Uhr schlafen, hielt strenge Diät und begann den Tag in der Dampfkammer des Hotels. Als wir uns den Videozusammenschnitt der letzten Carrell-Herzblattfolgen anschauen wollten, kamen wir drauf, daß das Band leer war – ob das ein gutes Omen war?

Am ersten Aufzeichnungstag stürmten Tausende von Informationen auf Rainhard ein: Steht er auf der richtigen Markierung, wie heißen die nächsten Kandidaten, kann Susi jetzt reden?

Er war fix und foxi, aber er war großartig – nur wußte er es noch nicht.

49

Ich ahnte, wenn er erst einmal die Mechanik der Sendung im Griff hatte, wenn ihm das Herzblatt-Studio so vertraut wäre wie seine Konzertbühne, dann konnte er mit den größten Showmastern spielend Schritt halten. Der Erwartungsdruck – von den Medien erzeugt – war riesig, bei der Plattenpräsentation von „Brüder" in München zerquetschten sich die Fotografen und Kameraleute gegenseitig.

Am nächsten Tag kam die Stunde der Wahrheit – wie würde der TV-Konsument den neuen Präsentator und seinen Wiener Schmäh aufnehmen?

Die Bildzeitung titelte: „Ein starker Typ: Fendrich fegt die blonde Linda weg!"

Rainhard war mit 8,5 Millionen Zuschauern Tagessieger geworden.

Die Radarfalle

„Es tappt das Auge des Gesetzes die meiste Zeit in Dunkelheit", schrieb Rainhard für das Lied „Es ist so fad im Dezernat". Wie trüb das Radarauge des Gesetzes sein kann, beweist folgende kleine Tourneegeschichte:

Rainhard ist der vorsichtigste Verkehrsteilnehmer, den man sich vorstellen kann. Ob auf seinem Motorrad oder im offenen Cabrio, er läuft nie Gefahr, beim Schnellfahren ertappt zu werden. Auch seine Fahrer hält er immer zu disziplinierter Fahrweise an.

Trotzdem ist es oft schwer, bei langen Fahrtstrecken und bei den schweren Tourneeautos – im Falle der letzten Tournee ein von Mercedes Benz zur Verfügung gestellter 12-Zylinder – nicht der Versuchung zu erliegen, einmal voll aufs Gas zu steigen. So nutzte unser Fahrer offenbar die Gelegenheit, als Rainhard auf der Strecke Berlin – Hamburg neben ihm schlief, um richtig auf die Tube zu drücken.

Wenige Wochen später kam eine Anzeige wegen „Überschreitung der höchstzulässigen Geschwindigkeit" samt dem dazugehörigen Radarfoto. Auf dem Foto unzweifelhaft zu erkennen: der Fahrer und ein auf dem Nebensitz schlafender Rainhard mit Sonnenbrille und mit – sagen wir es dezent – nicht gekämmtem Haar.

Auszug aus der polizeilichen Lenkererhebung: „Es wird ersucht, bekanntzugeben, wer den Mercedes gelenkt hat. Auf dem Radarfoto zu erkennen: Ein Fahrer und eine daneben sitzende ä l t e r e D a m e!"

Ein Auftritt am laufenden Band

Der Charterflug Wien – Palma di Mallorca dauert knapp zwei Stunden und ist für Rainhard der bequemste Weg, seinen „kreativen Fluchtpunkt" Mallorca zu erreichen. Für die Charterpassagiere ist ein prominenter Mitflieger stets eine zusätzliche Attraktion – für Rainhard bedeutet es Autogramme schreiben, in Instamatic-Kameras lächeln und Fragen beantworten. Im Herbst '94 allerdings bot er den Charterpassagieren der Lauda Air ein ganz besonderes Schauspiel.

Merlin hieß der neueste Familienzuwachs der Fendrichs – ein schwarzweißer Setter, von seinen Besitzern in einer Gaststätte „vergessen", wich nicht mehr von Rainhards Seite und rührte an seine „Hundeseele". Gerade erst war Vega, die Tochter des schwarzen Labrador-Jagdhund-Mischlings Sarah, die Rainhard und Andrea aus einer Mülltonne in Israel mitgebracht hatten, gestorben – ein neuer Hund stand an.

Merlin erkannte bald, daß er unter all den mallorcinischen Straßenkötern das große Los gezogen hatte – und folgte seinem neuen Herrn auf Schritt und Tritt. Wenn also Rainhard von Wien nach Mallorca oder umgekehrt flog, begleitete ihn Merlin in einer riesigen Holzkiste im Gepäckraum des Flugzeuges. Trotz roter Aufschrift auf dem Transportkäfig „Achtung, handle with care, ich bin ein sensibler Hund" war Rainhard bei seiner Ankunft in Palma in Sorge, die mallorcinischen Airportarbeiter könnten die Kiste so achtlos auf das Gepäckförderband stellen, daß sie mitsamt Merlin herunterfallen würde. Er kletterte daher, als er das Gepäck-wägelchen kommen hörte, über das noch stillstehende Förderband aus der Ankunftshalle wieder aufs Flugfeld und befreite den begeistert wedelnden und jaulenden Merlin aus seiner Kiste.

Da stand er nun am Rollfeld, wieder außerhalb der Paßkontrolle und beobachtete, wie die leere Hundekiste ins Innere des Flughafengebäudes rollte. Zugleich erkannte er, daß auch für Merlin und ihn kein anderer Weg zurückführte als über das Förder-band. Kurz entschlossen setzte Rainhard sich aufs Rollband, nahm Merlin auf den Schoß und fuhr zwischen Koffern und Taschen unter dem Applaus der Charter-urlauber in die Halle ein.

Das Recht auf den Hit

Hatte man die erste Platte, die Rainhard bei BMG ablieferte – „Kein schöner Land"–, die den gewünschten Durchbruch im deutschen Markt noch nicht erzielen konnte, noch als „Einstand" des Künstlers hingenommen, wurden die deutschen Plattenmanager bei Rainhards zweitem Werk – „Voller Mond" – schon merklich nervöser.

Wir merkten beim Abhören in einem Münchner Tonstudio, wie sich die hitsuchenden Repertoire- Manager Sätze wie – „Ein unheimlich reifes Werk" – abquälten, und bekamen mit, daß der deutsche Plattenverkauf einzig von einer Hitsingle abhängt. Und die war auf dieser Platte einfach nicht zu hören.

Die Ariola, die Rainhards Wechsel von seiner alten Plattenfirma Polygram in den Medien entsprechend gefeiert

Monti Lüftner (2. von rechts) beim Single-Gold für „Macho Macho".

hatte, und die mit großen Auslieferungen versucht hatte, Rainhard in Goldnähe zu bringen, war ratlos. Wenn jetzt massive Retouren einsetzten, war der Start mißglückt.

Da trat Monti Lüftner auf den Plan. Im Wiener Hotel Intercont traf er sich mit Rainhard und mir auf seinem Zimmer und brachte die Sache auf den Punkt.

Er prägte den Satz vom „Recht des Fans auf einen Hit", sprach über die Selbstverwirklichung von Künstlern und – bei allem Verständnis dafür – von der Verpflichtung, die Wünsche der Konsumenten zu erfüllen.

Ich wußte um Montis Eloquenz, aber wie er Rainhard beibrachte, daß eigentlich die Plattenfirma von ihm einen Hit erwartete, das war ein Meisterstück, das ihm so bald niemand nachmachte.

„Das Recht des Konsumenten auf einen Hit" – ein durchaus eigenwilliger Gedanke, aber er wirkte.

Schon wenige Wochen später schrieb Rainhard seinen wahrscheinlich wichtigsten Hit „Macho Macho" und gleich darauf „Tango Korrupti".

Er hatte Montis Parabel verstanden.

Bei seiner Tournee 1994 verkleidete sich Fendrich für „Macho Macho" als verwelkte Diva

Schlecht gebrüllt

Begeisterte Fans sind das Salz in der Suppe jedes Konzertes. Betrunkene Fans aber, die in ihrer feuchtfröhlichen Begeisterung nach jedem Lied den Titel ihres Wunschhits hinausgrölen, versalzen dem Künstler oft gewaltig die Suppe.

So geschehen in einem kleinen österreichischen Tourneeort, wo Popkonzerte selten, Bierzeltatmosphäre aber häufiger vorzufinden sind.

Rainhard hörte sich einige Nummern lang die Wunschliste des rotgesichtigen Herrn in der fünften Reihe rechts an, versuchte mit Bemerkungen wie „Ich bin keine Musikbox" oder „Schade, daß der liebe Gott nicht Stimmgewalt und Intelligenz gleichermaßen verteilt hat", die Ruhe wiederherzustellen.

Als das alles nicht fruchtete, unterbrach er das Konzert und bat den Herrn aus Reihe 5 auf die Bühne.

Der, in der Meinung, er sei nun ein besonders Ausgezeichneter, folgte prompt dem Ruf, und das übrige Publikum glaubte an einen einstudierten Gag. Auf der Bühne angelangt, hängte Rainhard dem Mann einfach die Gitarre um, bemerkte „Wenn du's besser kannst, dann spielst ab jetzt du" und nahm den leeren Platz in der 5. Reihe ein. Im Scheinwerferlicht quoll das übermäßig konsumierte Bier krügelweise von der Stirn des Schreihalses, der nun plötzlich nicht mehr wußte, was er da oben tun sollte, und sich von Sekunde zu Sekunde unwohler fühlte.

Das Publikum hatte bald herausgefunden, daß dies keine vorbereitete Unterbrechung war und forderte lautstark die Rückkehr Rainhards, der den Störenfried nach einigen Minuten erlöste. Während des weiteren Konzertes gab er keinen Ton mehr von sich…

Sekt und Kaviar

Alfred Mihats war ein Original der österreichischen Musikszene – vor allem seine Kontakte in den Osten waren hervorragend, und er symbolisierte den „Wiener" par excellence: gemütlich, witzig und vor allem den Freuden des Gaumens zugetan.

Immer wieder flogen wir mit ihm nach Ostberlin, wo er für die Sendung „Ein Kessel Buntes" westliche Künstler teils gegen Ostmark, teils gegen harte Devisen vermittelte. Alfred hatte in der ehemaligen DDR alles im Griff, setzte sich über die vielen sinnlosen Regeln und Schikanen hinweg, wußte alles zu beschaffen und war durch nichts aus der Ruhe zu bringen.

Einem dieser Flüge nach Ostberlin verdanken wir Rainhards Lied „Frühling in Berlin". Nach der Fernsehaufzeichnung waren wir mit Berliner Jugendlichen durch die nächtens ausgestorbene Stadt gebummelt und hatten nur wenige Meter von uns entfernt den Lichterschein des Kudamms jenseits der Mauer gesehen. So erfuhr Rainhard die Relativität der Werte:

Mit seinem Lied „Schickeria" konnten die DDR-Bürger nichts anfangen – weil für sie Marken wie Rolex, Porsche und Lacoste unerreichbar waren.

Rainhard war von den Gegensätzen beeindruckt. Präzision und Freundlichkeit bei der Fernseharbeit, eine Gage für seinen Auftritt, die dem Jahresgehalt(!) eines DDR-Arztes entsprach, leere Auslagen in den Ostgeschäften, dafür Überfluß in den Intourist-Läden, wo man gegen Devisen alles kaufen konnte. Und vor allem gab es jede Menge unheimlich engagierter Jugendlicher, die so viel von der westlichen Welt wissen wollten.

Am nächsten Abend sollten wir zurückfliegen. Treffpunkt Schönefeld 23 Uhr nach der TV-Aufzeichnung. Alle waren da, nur Alfred Mihats fehlte. Wir warteten 30 Minuten, eine Stunde. Mitternacht war vorbei, am Flughafen wurde es immer stiller. Uns war es schon ein wenig unheimlich.

Hatte man ihn wegen einer aufmüpfigen Bemerkung eingelocht? Was war mit ihm los? Hatte Alfred, der Kenner des Systems, etwas falsch gemacht?

Endlich kam er – mit roter Glatze und vom Laufen erhitzt, aber mit einem Riesenpaket voll Krimsekt und Kaviar, Wodka und Lachs. Er hatte Rainhards Gage, die in Ostmark ausbezahlt worden war, in Naturalien umgewandelt. So feierten wir in unserem kleinen Flugzeug 5000 Meter über den schlafenden DDR-Bürgern ein rauschendes Fest mit Luxusgütern, von denen unter uns nicht einmal geträumt werden durfte.

Fendrich live

Auch Kritiker irren

Konzertkritiker haben es schwer.

Wie soll man sich in einer vom Jubel der tobenden Fans erbebenden Konzerthalle eine objektive Meinung bilden?

Wie kann man seinem Ruf und Renommee als kritischer Fachmann gerecht werden, wenn man es einfach genausogut findet wie die Zuschauer?

Wiens Kritiker vernichteten Rainhards erste Auftritte, dann schwiegen sie ihn jahrelang tot und ignorierten seine ausverkauften Hallen, während sie jedem Experimentaltrio, das für 50 Menschen aufspielte, seitenlange Elogen widmeten. Heute begegnen die meisten Rainhards Shows mit respektvollem Wohlwollen.

Anders im Ausland: Da feierte die Neue Zürcher Zeitung schon vor Jahren Rainhard als den österreichischen Jacques Brel, und die Münchner „tz" verlieh dem letzten Olypmpiahallengig das Prädikat „wertvollster kultureller Beitrag der Woche".

Den Vogel schoß auf der letzten Tournee allerdings jener Kritiker ab, der es in einer an sich positiven Konzertbesprechung als einzigen Wermutstropfen empfand, daß sich die „farbige Chorsängerin Jacqueline Patricio offensichtlich mit der Artikulation des Wienerischen schwer tat".

Was der Gute nicht wissen konnte:

Jacqueline lebt seit ihrer Geburt in Wien, spricht zwar nur gebrochen Englisch, dafür aber perfekt Wiener Dialekt.

Wie gesagt: Konzertkritiker haben es schwer.

Jacqueline Patricio

58

Der rechte Weg

Linz an der Donau ist eine wunderbare Stadt mit wunderbaren Menschen – aber man sollte sich auskennen, wenn man mit Prominenten in diese Stadt kommt.

Rainhard und ich waren zu einem Live-Interview ins Linzer ORF-Landesstudio unterwegs und hatten uns wegen verstopfter Autobahnen und Umleitungen etwas verspätet. Außerdem erwischten wir die falsche Einfahrt und verirrten uns heillos im Zubringerdschungel der Linzer Stadtautobahnen.

Während wir die Zeitansage und die Ankündigung von Rainhards Auftritt im Autoradio hörten, fragten wir an einer Kreuzung einen Linzer Passanten um den Weg. Es entspann sich folgender Dialog zwischen dem Pünktlichkeitsfanatiker Rainhard und dem Passanten, der offenbar das Ereignis seines Lebens witterte. Während Rainhard die Scheibe elektrisch herunterfuhr, beugte sich ein freundliches Männergesicht zu ihm herunter.

Rainhard: „Entschuldigen Sie, ich muß ins ORF-Landesstudio. Könnten Sie mir sagen, wie wir dort hinkommen?"

Die Augen des freundlichen Mannes weiteten sich, sein Gesichtsausdruck spiegelte etwas zwischen Schock, Erregung und Ratlosigkeit.

„Jo mei!"

Rainhard wiederholte geduldig: „Ins ORF-Landesstudio muß ich. Wissen Sie den Weg dorthin?"

Noch war das Entsetzen nicht aus dem Gesicht gewichen.

„Jo mei, Herr Fendrich, san Sie des wirklich?"

Rainhard, geschmeichelt bis genervt: „Ja, ich bin's, und ich bin jetzt Live-Gast in der Sendung des Landesstudios und muß dringend dorthin. Wissen Sie, wie wir fahren müssen?"

Das Gesicht schien sich langsam zu entspannen. „Herr Fendrich, Sie san's wirklich. Daß i des erleben derf. Na, des is a Wahnsinn."

„Rainhard, immer noch äußerst freundlich: „Ja, ja, aber bitte wo ist das Landesstudio?" Das Gesicht, ebenso freundlich zurück: „Na, des wird ma niemand glaubn, daß i Ihna troffn hab, Herr Fendrich. Wo wir doch z'haus alle solche Fans san von Ihnen."

Rainhard überlegte kurz, ob er der Fangemeinde zuhause Autogrammkarten mitgeben sollte, doch schien ihm der Gedanke, 17 persönliche Widmungen schreiben zu müssen, doch nicht zu gefallen, also versuchte er es etwas heftiger: „Ja, ja, aber bitte, wo ist das Landesstudio?"

Das Gesicht – inzwischen von einem überirdischen Strahlen erhellt: „I kann des immer no net glaubn, Herr Fendrich, Ihnen

Schwierige Wegfindung in Linz: Fendrich

persönlich da in Linz, wo ich Sie doch erst kürzlich im Fernsehn..., na i waß net, wie i sagn soll... Sie können Sie gar net vurstelln, wie oft ma Ihre Lieder hörn, und wie gern ma Sie im Fernsehn sehn."

Das Gesicht näherte sich bedrohlich dem Wageninneren. Mit beiden Händen hielt sich der freundliche Linzer am Wagendach an und schien im nächsten Moment durch das Seitenfenster ins Auto kriechen zu wollen.

Ich fand den Moment für gekommen, mich einzumischen, beugte mich hinüber und sagte etwas forsch: „Wir müssen jetzt sofort ins Landesstudio. Wissen Sie den Weg oder nicht?" Das Gesicht verfinsterte sich für eine Sekunde, bisher hatte es mich überhaupt noch nicht bemerkt. Aber immer noch schien der Mann die Botschaft, die Frage nach dem Weg, nicht mitbekommen zu haben.

Und prompt wandte er sich auch sofort wieder Rainhard zu: „Herr Fendrich, was mach'n S' denn eigentlich da?"

Rainhard nützte die Chance, endlich den Weg zu erfahren.

„Ich bin hier, um im Radio live ein Interview zu geben", begann er mit unendlicher Freundlichkeit, während aus dem Autoradio schon Rainhards neue Platte mit Nennung des Studiogastes ertönte.

Rainhard: „Ich kenne den Weg nicht, kennen Sie ihn?"

Die Stimme aus dem Radio: „Rainhard Fendrich, unser heutiger Studiogast, ist zwar noch nicht eingetroffen, wird aber jede Sekunde hier sein. Wir spielen ein bißchen Musik."

Das Gesicht wurde etwas ernster: „Wissen S', i bin net von da und i kenn mi net aus. Und daß i glei beim ersten Mal do in Linz Ihna begegne, des hätt i ma net gedocht", begann er sich zu wiederholen.

Rainhard war sprachlos: „Sie kennen also den Weg nicht?"

„Welchen Weg?"

„Den ins Studio."

„In was für ein Studio?"

„Ins Landesstudio."

Im Autoradio näherte sich Rainhards Lied der zweiten Strophe.

„Dort muß ich nämlich hin. Jetzt!"

Ich fürchtete, Rainhard würde den elektrischen Fensterheber betätigen und dem freundlichen Herrn Kopf und Finger einquetschen. Gleichzeitig sah ich aus dem Augenwinkel, wie wenige hundert Meter vor uns ein silbergrauer VW-Bus mit dem unübersehbaren rot-weißen ORF-Zeichen aus einer Hauseinfahrt in die Straße einbog. Das Lied im Autoradio näherte sich dem Ende, ebenso Rainhards Geduld. „Ich danke Ihnen sehr herzlich und grüßen Sie alle zu Hause, ich muß nämlich jetzt zu einer Sendung."

„Ah, eine Sendung machen S' da? Wo denn?"

Ich ließ langsam die Kupplung kommen und sagte dem Herrn: „Da vorne im ORF Landesstudio".

„Ach so, na dann…" Er ließ den Wagen los und zog den Kopf zurück.

„Rainhard", sagte ich, „ich glaube, da vorne ist das Landesstudio."

Wir schossen mit quietschenden Reifen davon, ließen einen verklärten Passanten zurück, und gleich nachdem ich Rainhard vor der Studiotüre aussteigen lassen hatte und einen Parkplatz suchte, hörte ich ihn schon leicht keuchend aus dem Autoradio: „Wir haben", sagte er, „nicht gleich hierher gefunden. Aber ein freundlicher Linzer hat uns den rechten Weg gewiesen."

Die Farbe Orange

Die Körnerhalle in Schwechat ist ein schmuckloser Zweckbau an der Straße von Wien zum Flughafen. Eine Veranstaltungshalle, in der an diesem Abend ein Konzert von Rainhard stattfinden sollte.

Davor wollten wir für Österreichs größte Jugendzeitschrift, den ‚Rennbahn Express', ein Coverfoto schießen. Also hatten wir mit Rainhard 15 Uhr als Termin vereinbart und warteten auf sein Kommen. Ich hatte ihn noch vor einigen Stunden angerufen, um ihn zu erinnern, und er wollte von seinem Haus in Brunn, das etwa 30 Fahrminuten entfernt ist, pünktlich wegfahren.

Nun zählt Rainhard zu jener angenehmen Spezies Mensch, nach denen man die Uhr stellen kann. Pünktlichkeit ist eine jener Tugenden, die den Profi auszeichnet, und Rainhard war nicht nur pünktlich, er war immer überpünktlich, und nichts bereitete ihm größeren Streß, als irgendwohin zu spät zu kommen.

Wir warteten zehn Minuten, zwanzig Minuten, eine halbe Stunde. Rainhard kam nicht, Rainhard rief nicht an und ich geriet zunehmend in Sorge. War ihm etwas zugestoßen? Was war nur los?

Die Zeit verging, bis endlich mit fast eineinhalbstündiger Verspätung Rainhard auftauchte. Er zog mich sofort zur Seite und ich sah, daß er mit der linken Hand seine Augen bedeckt hielt.

„Schau mich an, was siehst du?"

Ich schaute ihn an. Er war frisch vom Friseur gekommen und irgend etwas schien mir total verändert... Seine Augenbrauen – sie waren unglaublich verfärbt, sie waren – ORANGE.

Und Rainhard erzählte mir folgende unglaubliche Geschichte: Der Friseur hatte ihn überredet, sich Wimpern und Augenbrauen ein wenig dunkel nachfärben zu lassen. Rainhard war kurz eingeschlafen, und als er aufwachte und in den Spiegel schaute, erstarrte er.

Seine Augenbrauen waren tiefschwarz. Also fuhr er am Weg nach Hause bei der Drogerie seiner Schwiegereltern vorbei und besorgte sich ein Bleichmittel, um die Schandtat des Friseurs ungeschehen zu machen.

Das Bleichmittel aber erzielte einen sonderbaren Effekt. Es bleichte zwar die Braun- und Schwarztöne aus den Augenbrauen, zutage allerdings kam in einer unerklärlichen chemischen Reaktion die Farbe orange. Und trotz hektischen Waschens und Reibens blieb sie hartnäckig.

Ich konnte mich kaum halten vor Lachen.

„Du hast leicht lachen", sagte Rainhard, „aber wie schau ich jetzt auf den Fotos und auf der Bühne aus?"

Die Fotografen warteten schon ein wenig ungeduldig, da kam mir die Lösung: Wir riefen einen Maskenbildner des ORF an und ließen Rainhard einfach schminken.

„Schade", sagte ich, „daß wir nicht in Hollywood wohnen. Dort hätten wir jetzt den Friseur verklagen können, aber Schwechat ist eben nicht Hollywood."

Geschminkte Augenbrauen als Flucht vor der Farbe Orange

Die ganze Wahrheit

Wir saßen mit der Band abfahrtbereit im sonnigen Garten des Hotel Warmbaderhof in Villach. Rainhard hatte am Vorabend ein Konzert vor 6000 begeisterten Fans gespielt, heute stand Murau auf dem Tourneeplan. Rainhard trank noch schnell einen Capuccino, da servierte der Ober das Mobiltelefon des Hotels.

Lukas Fendrich im verbrannten Zimmer

Am Apparat war seine Frau Andrea, und Rainhard wurde bleich: „Was, das Haus in Brunn ist abgebrannt", stammelte er, „was soll ich jetzt machen?"

Fortsetzung Seite 97

BILDER

TEIL 1 – OFF STAGE

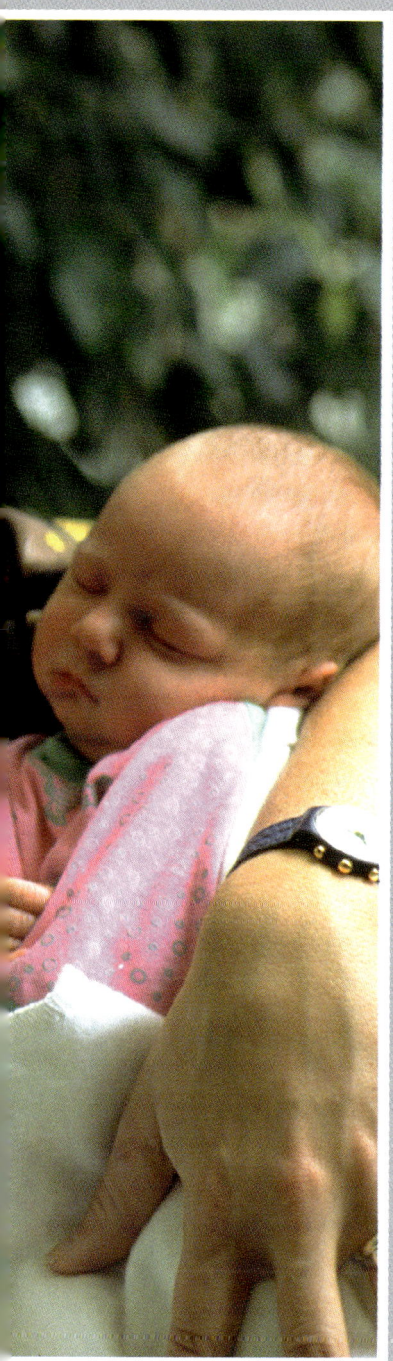

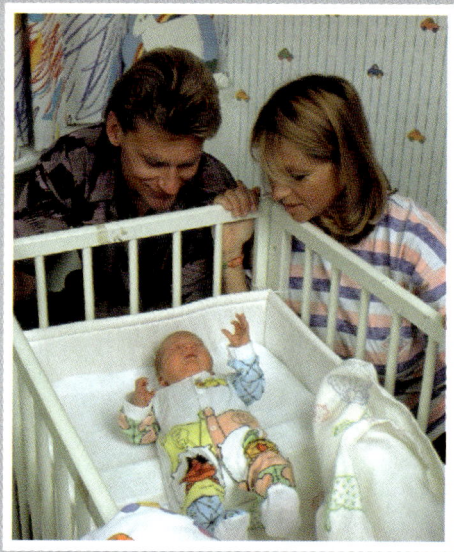

FAMILIE

Andrea und Rainhard mit ihren beiden Kindern
Florian (links und ganz oben) und Lukas (oben)

DAHEIM

Brunn am Gebirge
liegt vor den Toren
Wiens – in diesem
Bungalow samt
Wintergarten
wohnt Rainhard.

69

GOLD & SILBER

Rainhard Fendrichs Trophäen
sind mittlerweile in Kisten
verstaut – die Wände im
Arbeitszimmer sind zu klein
dafür.
Bilder oben: Rainhard & Lukas.

ALLES DA

Daheim in Brunn ist
Fendrich autark: im
Keller ist sein
Aufnahmestudio,
vor der Tür liegt
ein Garten samt
Glashaus.

73

GESELLSCHAFT

Selten ist Rainhard
in Brunn allein.
Entweder er
beschäftigt sich mit
seinen Kindern
(links: Lukas), oder
er nimmt mit
seinem Bruder
Harald (oben)
neue Lieder auf,
oder Hund Merlin
bekommt Streichel-
einheiten.

DIE MUTTER

Der „Rössinger Hof" in der Ramsau ist Stamm-Urlaubs-quartier der Fendrich-Eltern (oben: 1992, links: ca. 1968). Mama Herta (re. oben) und Gattin Andrea (re. Mitte) sind die zwei Frauen in Rainhards Leben. Ganz rechts: Vater & Sohn bei einem Geburtstagsfest für die Mama.

DER VATER

Harald Fendrich sen.
im Kreis seiner Familie.
Rechts: Enkelkind
Lukas und Jennifer,
Tochter von Bruder
Haralds Frau Karin.

FAMILIENALBUM

Die vielen Gesichter des
(kleinen) Rainhard Fendrich.
Rechts: mit Bruder Harald

FLORIDA

In Punta Gorda/Florida schuf sich
Rainhard eine Zeitlang ein Refugium –
samt Motorboot und US-Auto.

EASY LIVING
Szenen aus Florida

SONNEN-IDYLLE

Viel Spaß in Florida – aber
auch hier hatte Rainhard sein
Heimstudio eingerichtet.

ANGELINA

Für das Video zu seiner
Single „Angelina" suchte
sich Rainhard einen
exotischen Drehort aus:
das karibische Urlaubs-
paradies Jamaica.

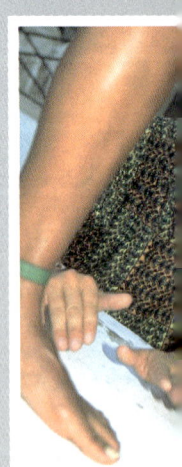

VIDEO LIFE

Szenen vom Dreh in Jamaica: Rainhards Masken (oben und rechts), Spaziergang durch ein Dorf (unten ganz links), Warten am Flughafen (links unten Mitte), Dreh mit Spaß (unten), Drehortsuche mit Tato Gomez (unten rechts) – und Rainhards liebster Dreh im Meer... (links). Nächste Doppelseite: Sonnenuntergang am Strand.

Nur langsam entlockte ich ihm bruchstückhaft die Wahrheit.

Der knapp dreijährige Florian war am Vormittag mit dem Kindermädchen Melinda vom Einkaufen zurückgekommen, hatte eines der Feuerzeuge, die sein Bruder Lukas nach dem Konzert in der Wiener Stadthalle eingesammelt hatte, gefunden und damit offensichtlich die Schlafzimmervorhänge angezündet.

Die Feuerwehr brachte den Zimmerbrand bald unter Kontrolle. Dennoch war der Schaden enorm. Der fettige Rauch hatte das gesamte Haus und vor allem Rainhards gesamte Bühnengarderobe geruchs- und aussehensmäßig in eine Selchkammer verwandelt.

Als Lukas aus der Schule kam, machte er seiner Mutter Vorwürfe, weil sie ihn nicht geholt hatte, um die Löscharbeiten zu beobachten, und sein einziger Kommentar blieb:

„Der Tiger hat geraucht!". Der Tiger – das war sein Lieblingsspielzeug.

Die Bildzeitung titelte am nächsten Tag: „Fendrich in Angst: Rechtsradikale zünden seine Villa an.“

Fortsetzung von Seite 64

Sein und Schein

Rainhards Nominierung für den World Music Award 1990 in Monte Carlo war genau das, was meiner Meinung nach pressemäßig nottat. Falco brillierte in dieser Zeit gerade in allen österreichischen Medien als internationaler Star, Rainhard wurde von vielen als österreichische Hausmarke, gerade gut genug zwischen Boden- und Neusiedlersee gesehen.

Da kam uns diese Auszeichnung gerade recht: Die erfolgreichsten Platten-Verkäufer jeden Landes sollten im Casino von Monaco geehrt werden.

Wir machten uns mit einer Schar österreichischer Journalisten auf den Weg an die Côte d'Azur. Bis zum Einchecken ins feudale Hotel de Paris mit Blick auf den Hafen klappte alles wie am Schnürchen.

Der „World Music Award"

Dann begann das nackte Chaos.

Die Organisatorin, eine waschechte Amateurin, die schon bei der Durchführung eines Liederabends im Brunner Pfarrsaal gescheitert wäre, nahm uns – und viele andere – einfach nicht zur Kenntnis. Keine Probenpläne, keine Abholung, keine Karten für die Journalisten, kein Eintritt für unser Fernsehteam. Wir machten gute Miene zum bösen Spiel und genossen es, einmal die ganz Großen des Showbiz aus nächster Nähe zu sehen.

Beim abendlichen Grillfest lieferten sich Grace Jones und Brigitte Nielsen eine heiße Duettshow im Blitzlichtgewitter. Don Johnson war als Moderator vorgesehen, hatte aber bis zu seinem Auftritt keine Ahnung, was er eigentlich hier tun sollte, lächelte professionell für eine 100.000-Dollar-Gage und posierte mit der Veranstalterin für ein gemeinsames Foto. Die österreichischen

Journalisten waren begeistert, an einem Abend mehr Stars vor die Linse zu bekommen als sonst in einem Jahr und fotografierten aus vollen Rohren.

Die Gala selbst ging erstaunlicherweise glatt über die Bühne, der internationale Jetset von Fürst Rainier samt Caroline und Stephanie war ebenso anwesend wie Ringo Starr – und langweilte sich vier Stunden lang. Vor den Panoramascheiben des Casinos leuchtete das Lichtermeer des Hafens von Monaco, und Don Johnson verlas die einzelnen Gruppen, von denen er vorher und nachher wohl nie mehr etwas hören sollte.

Jeder bekam seinen Award, eine klobige, schwere, goldfarbene Erdkugel mit einem Violinschlüssel. Und 128 Staaten, in die das Fernsehen angeblich diese Veranstaltung ausstrahlte, wußten endlich, wer Rainhard Fendrich war.

Der ORF nahm übrigens die Sendung erst in den nachfolgenden Jahren, in denen die EAV und Jazz Gitti diesen Preis gewannen, ins Programm. Da wird der Fürst Augen gemacht haben.

Bei den Proben in Monaco: Auf den Tischen saßen später Prinzessin Caroline, Ringo Starr, Don Johnson & Co.

Der letzte Streich

Eine für jeden Künstler äußerst unangenehme Angewohnheit ist der Brauch, daß die Techniker am letzten Tourneetag Narrenfreiheit genießen und diese dazu nutzen, den Musikern Streiche zu spielen. Nachdem aber das Publikum davon nichts merken darf, muß Rainhard stets gute Miene zum bösen Spiel machen, egal ob plötzlich das Zuluftloch der Ziehharmonika verklebt ist, die Rocktaschen des Bühnensakkos vernäht sind oder die Nebelmaschine plötzlich Papierschnitzel schneien läßt.

Fendrich und seine Live-Crew

Ein kreativer Kopf freilich ruht nicht, und so überdachte Rainhard schon zu Beginn der letzten Tournee, wie er dem Spektakel des letzten Tourneetages entkommen könnte. Er fand des Rätsels Lösung und verlängerte auf allen Dispositionen der Technik die Tournee einfach um einen Tag. So wurde das letzte Konzert zum vorletzten, und als die Techniker, die sich schon wochenlang die wildesten Streiche überlegt hatten, zur Verwirklichung ihrer Taten schreiten wollten, teilte ihnen Rainhard mit, daß das letzte Konzert leider entfallen würde.

Ob sie es das nächste Mal beim vorletzten Konzert versuchen?

Idol in der ersten Reihe

Es war Kulis neunzehnter, aber Rainhards erster Fernsehpreis. Die Leser der österreichischen Tageszeitung KURIER hatten ihn für seine Fernsehsendungen „Nix is fix" und „Herzblatt" zum Showmaster des Jahres 1993 gewählt und ihm die „ROMY" verliehen.

Rainhard war nervös, nicht nur weil sein großes Fernsehvorbild Hans-Joachim Kulenkampff in der ersten Reihe saß, sondern weil er wußte, daß gerade die Kritiker des KURIER ihn immer wieder arg zerzaust hatten. „Kritik", sagte er in seiner Dankesrede, „kann man schweigend hinnehmen, bei Ehrungen muß man immer etwas reden."

Fendrich mit Kulenkampff

Diejenigen, die es anging, wußten, was gemeint war. Franz Endler, ein Kultur- und TV-Kritiker, der Rainhard als Herzblatt-Moderator gerade zynisch abgekanzelt hatte und der immer aussah, als hätte er gerade in eine Zitrone gebissen, sah noch saurer drein, als sich die bekannte Fernsehansagerin Chris Lohner zu ihm wandte und ihm zuflüsterte, wie sehr sie Rainhards Bonmots schätze.

Ja, von Kuli konnte er noch vieles lernen. Der Altmeister des Fernsehcharme brillierte an diesem Abend, blödelte über das Überziehen von Fernsehshows, kokettierte dabei mit seinem Alter („Wenn ein Mann wie Fendrich, auch schon tief in den Dreißigern – auch wenn man es ihm nicht ansieht, aber ich weiß es – mich als sein Idol bezeichnet, dann ist es Zeit, aufzuhören.") und führte wieder einmal vor, warum er der Größte war.

Rainhard hing an seinen Lippen, den ganzen restlichen Abend saßen die beiden an einem Tisch, redeten über Segeln, Gott und die Fernsehwelt, und ich wußte, daß Rainhard von diesem Abend mehr profitieren würde als von tausend Kritiken.

Wer ist Rainhard Fendrich?
Glückwünsche. Vermutungen. Tatsachen.

Von Dieter Chmelar

I. Glückwünsche

Rainhard Fendrich will dieses Buch nicht. „Warum ein Buch? Ich bin 40. Ich bin noch nicht tot."

Dies ist auch kein Nachruf. Nur ein Zwischenruf.

Mit einem Wort: Man muß es sich gefallen lassen. Die Alternative wäre, nicht 40 zu werden. Dafür ist es zu spät. Oder ein anderes Leben zu leben. Dafür ist es zu früh.

Ein Gefeierter wird eben gefeiert.

Daher, reinen Herzens und der guten Ordnung halber: Das Beste! Freilich: Fendrich die Hand hinzustrecken war noch nie ungefährlich. Als man ihn im zarten Alter und im Kinderwagen durch den Park chauffierte, biß er einen Polizisten, der des Weges kam und *Kille-Kille* machen wollte, kurzerhand in den langen Arm des Gesetzes.

Ein richtungweisender Akt, der in Fleisch und Blut überging: Wenn Fendrich die Zähne zeigt, muß das nicht zwingend ein Lächeln sein. Sein lebenslanges Leitmotiv: Nach oben treten, nach unten streicheln. Und: Nach allen Seiten wirken.

Der kleine Rainhard

Fendrich gibt vielen Menschen Häuser. Aber er hält nicht hof, er hält Wort. Ein tragfähiges Fundament und zugleich tröstlich in einer Aufsteiger-Welt, die den Ell-Bogen raus hat: Auch darauf kann man bauen.

Der einmalige Anlaß – Fendrich 40, gottlob nicht volljährig – ermutigt zu zweierlei: Innige Nähe und äußerste Distanz. Auch runde Geburtstage haben ihre Kanten und Ecken.

Ein kluger Mann, heißt es, wird ungern erwachsen. Die immerwährende Neutralität zwischen Blüte und Reife klingt dabei wie die Kennmelodie. Und verleitet zu mancher Mißinterpretation. Wer sich etwa, wie Fendrich, fast alles spielerisch erarbeitet, hat genauso hart gearbeitet.

Er hat dabei nur öfter gelacht.

Womit ein schöpferisches Gesamtwerk durchaus auch mit Lebens-*Kunst* zu übersetzen wäre. Denn Kunst, schrieb schon Nestroy, „Kunst ist, wenn man's *nicht* kann. Weil, wenn man's kann, ist es ja ka Kunst."

Und der große österreichische Mime O. W. Fischer sagte, tief in sich ruhend und hoch über den Dingen: „Die Schauspielerei hat mich nie b'sonders interessiert. Ich konnte es einfach."

Was übrigens viel weniger mit Geringschätzung als mit Hochachtung zu tun hat – vor genetischen Fügungen, die man schicksalshaft mitkriegt wie eine große Nase oder abstehende Ohren. Alles läßt sich „reparieren".

Eine Begabung nicht.

Fendrich steht zwar noch nicht in den Schuhen des Fischers, aber er bewahrt sich, einem heißen Herzen zum Trotz, kühlen Abstand zum Erreichten. Jede Stufe ist ihm eine Zwischenstation. Sein Ehrgeiz ist von ansteckender Gesundheit. Seine Eigeneinschätzung von krankhaftem Selbstzweifel. Lob trifft ihn oft härter als bittere Kritik. Er hat sich angewöhnt, beidem auszuweichen. Vermutlich, weil es ihn nur aufhält.

„Es gibt Tage", hat er einmal seine dunklen Sonnenbrillen begreiflich gemacht, „da möchte ich mir die Leute aussuchen, die mir in die Augen schauen dürfen." Sei es, weil ihm „das Gesicht von einer anderen Konversation übriggeblieben ist", sei es, weil es der schiere Luxus eines bekannten Menschen sein kann, *nicht* erkannt zu werden. Weder auf der Straße, noch auf dem Boulevard.

Druck und Presse haben ihren doppelten Wortsinn nicht von ungefähr. Ob Zeit-geist, Regenbogen oder Bildungsblatt: Man hat versucht, ihn bis in die letzten Nebenräume seiner Persönlichkeit auszuleuchten, bei lebendigem Leib auseinander-zunehmen und als veröffentlichtes Eigentum zu servieren. Man hat ihn natürlich auch sehr oft sehr liebevoll behandelt. Nur: Wer in Wien ins Herz geschlossen wird, gilt mitunter als eingesperrt.

Man versteht, daß Fendrich dieses Buch nicht wollte. Gratulationstouren sind ihm ein Spießrutenlauf. Er wußte, man würde ihn *huldig* sprechen. Und er hätte so wenig zu seiner „Verteidigung" vorzubringen.

Dabei wollen wir ihm nun helfen.

II. Vermutungen

Fendrich wäre, bei all seiner lustvollen Kommunikationsfreude, ein verborgenes Genie. Er zählt nicht zu jenen, wie es André Heller auf den wunden Punkt brachte, die nur glauben, sie existieren, wenn sie in der Zeitung oder vor einer Kamera stehen. Fendrich flieht Ab-Klatsch und Ada-Bei-Läufigkeit, und er war nie ein Säulenheiliger der Gesellschaftskolumnen. Wenn, dann ungern. Vermutlich nicht einmal, weil er so edel oder so uneitel wäre. Es geniert ihn einfach, zum Inbegriff vom In-Begriff stilisiert zu werden. Er würde sich, trotz angeborener Offenheit, wohl zeitlebens verschließen – gäbe es nicht ein derart straffes Management, dessen insistierendes Vermarktungsgeschick ihm erst ermöglicht, dies phasenweise, dafür aber auch in vollen Zügen und solidem Wohlstand zu tun.

Blick nach oben: Künstler Fendrich & Manager Fechter

Kurz gesagt: Fendrich macht Musik, Fechter macht Geld. In Wahrheit haben zwar beide von beidem eine respektable Ahnung, aber sie lassen es den jeweils anderen nicht spüren. Daß Fendrich über finanzielle Freiheit und Fechter über künstlerischen Gehalt nicht Bescheid wüßten, ist ein guteingespieltes Zweipersonenstück. Man könnte – in volkstümlicher Verneigung – die Puppenbühne bemühen: Der Kasperl und das Krokodil. Wenn sich, laut Marie von Ebner-Eschenbach, ein Urteil widerlegen läßt, aber ein Vorurteil niemals, dann ist dies ein Vorurteil, das Fendrich nicht nur freispricht, sondern vor allem frei macht. Promotion übersetzt er buchstäblich: *Für die Bewegung.*

Denn Fendrich bewegt. Sich und andere. Mit Talent, in der ursprünglichen Bedeutung eine Währungseinheit des Altertums, aus der ein neuzeitliches Maß für Maßlosigkeit wurde. Früher konnte man *damit* bezahlen, heute muß man oft *dafür* bezahlen. Talent macht schließlich auch verdächtig.

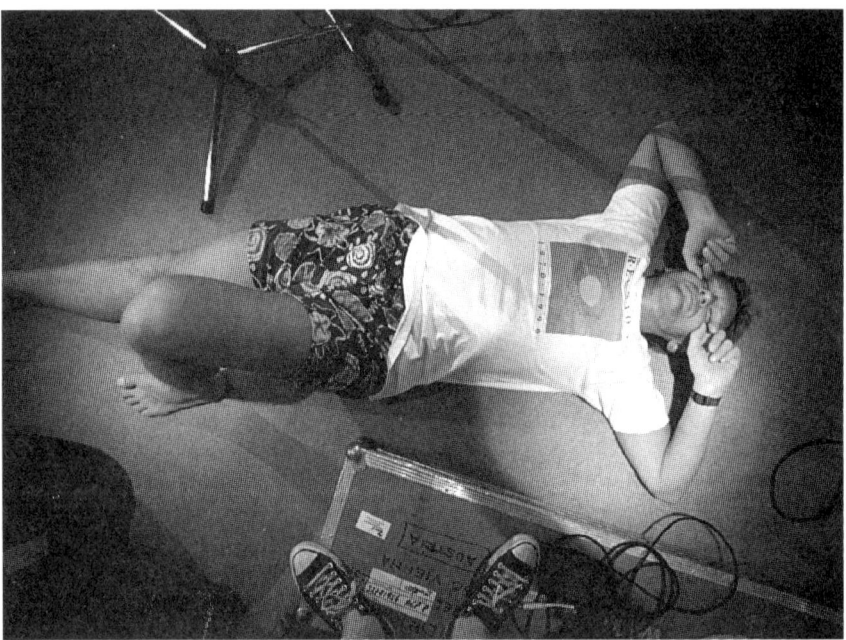

Ruhepause während Aufnahmearbeiten im Studio

Fendrich bietet alles, außer Gewöhnliches. Mithin Außergewöhnliches. Er tut zwar nur das, was er kann, aber er *kann* auch, was er tut. Aus seiner Sicht: ein ganz normaler Weg. Wie sonst hätte es laufen sollen?

Dabei ist sein Lieblingssport der Seiltanz. Fendrich sucht unentwegt und manisch getrieben die Herausforderung. Mit einem fast religiösen Eifer, so, als gälte es, irgendein letztes Geheimnis zu ergründen. Mysteriös daran ist allenfalls seine Naivität und seine Neugier. Er nähert sich immer von Null. Und ist im Nu auf Tausend. Auch das ein rares Talent.

Nun ist er – um vom *Berg Pathos* herabzusteigen und das Phänomen auf eine amtliche Ebene zu bringen – nichts als ein Vortragender gängiger Gassenhauer.

Fendrich ist ohne jeden Zweifel ein Schlager. Als Musiker, als Wirtschaftsfaktor, als Figur und als Freund. Wäre zum einen die Berufsbezeichnung *Schlagersänger* nicht der-massen ins Breite und Breiige verrutscht und wäre zum anderen das einstige Adelsprädikat *Liedermacher* nicht so postwurfartig wie der Professorentitel verstreut worden, Fendrich wäre beides. Und ein bißl mehr.

Der Mann *mit* Eigenschaften. Es fehlt ihm weder am gewissen Etwas noch an etwas Gewissen.

Erfolgreich, beliebt, anerkannt. Dazu noch hübsch anzusehen – in Wien sagt man geschmäcklerisch: grad g'wachsen – und mit einer altösterreichischen Erbmasse ausgestattet: jener Melange aus Mutterwitz und Vatermörder, die wir dem Rest der Welt als *Schmäh* auftischen, und die mit *Charme* nur schal zu übersetzen ist.

Ihn zum Ever-Grins zu verniedlichen oder als Hit-Parade-Fall zu denunzieren, gelingt allerdings nicht einmal mehr seinen grimmigsten Gegnern. Die Großkritik hat ihn nie kleingekriegt, das Feuilleton verschwieg ihn hochmütig, um ihn neuerdings tiefgründig zu entdecken. Fraglos kann man Fendrich mögen oder nicht mögen. Aber sein Stellenwert ist keine Geschmackssache. Sondern Tatsache.

Vor ein paar Jahren griff ein Astrologe, nur anhand der exakten Geburtsdaten, aber ohne Kenntnis der Person, nach Fendrichs Sternen. Sein Bulletin bietet Bemerkenswertes:

Idealer Beruf: Erfinder, Musiker, Priester.

Interessen: Umgang mit Publikum, Welt der Phänomene, Erstrebung der Selbstverwirklichung.

Emotionen: Sehnsuchtsvoll, leicht verletzt, Flucht in die Musik und Hang zum Okkultismus.

Konstitution: Starke Reaktionen des Drüsensystems, Neigung zu Zerrung und Bruch, relativ häufiges Stolpern.

Dem wäre an sich nichts hinzuzufügen. Außer biographischer Bestätigungen.

Zur Berufswahl: Der Komponist Fendrich ist folgerichtig auch Erfinder. Er erfindet neben Noten (die er nicht lesen *kann*) auch Texte, die man lesen *muß*. Abgesehen von hinreißenden Reimen nahe subversivem Nihilismus, was schon Hans Weigel, einem Großmeister des wendigen Wortes und einem Botschafter des begnadeten Blödelns, Wertschätzung abrang („Fendrich ist der Nestroy unserer Tage"), haben so manche (Opinion-)Lieder auch die messerscharfe Message.

Sogar zur priesterlichen Weihe fehlte ihm nicht viel, nur das Wesentliche: die Lust auf Verzicht.

Fendrich kennt Gott, aber er liebt die Welt. Irdisches ist ihm heilig. Auch in der kreativen Klausur findet er den richtigen Ton mit Genuß und aus dem Vollen. Sein schöpferischer Akt mag zweifellos selbstquälerisch sein, aber er führt die Trieb-Feder aus Spiellaune. Spiel mit Freunden, Spiel mit Musik, Spiel mit Worten. Was ihn nicht hindert, das Spiel ernstzunehmen und auch echte Haltungs-Noten zu komponieren.

1993 glückte ihm mit einem Schlag und – vielleicht noch erstaunlicher – auch mit einem Hit eine Hymne auf die Humanität. Eine Gebrauchsanweisung fürs Gewissen. „Brüder" gegen Brandstifter. Mit dieser Kampfansage wurde er zum eindringlichen Rädelsführer im Auf-Putsch gegen Fremdenhaß.

60.000 beim Fendrich-Open-Air am Rathausplatz

Zurück zu den Sternen. Was mutmaßte der Astrologe über Fendrichs Interessen? „Umgang mit Publikum." Fendrich hat schon vor 48 (achtundvierzig) Zuschauern gespielt, 1981 in Essen. Das muß man erst einmal runterschlucken. Damals bot er jedem einzelnen die Hand zum Gruß und sagte: „Wenn alle, die heute begeistert sind, das nächste Mal einen mitbringen, sind wir schon hundert." Jahre später war der Ruhr-Pott dann tatsächlich randvoll: 5000 kamen zu Fendrichs Tourneegig in Düsseldorf. Aber auch vor 150.000 Menschen ist er schon aufgetreten, zuletzt 1994 in Wien. Direkt an der Donau und unter Strom. Eine ganze Insel auf einer Wellen-Linie. Zahlen prallen an dem herzlich unbegabten Mathematiker ab. „Man blamiert sich immer nur vor jedem einzelnen", sagt er und geht raus auf die Bühne.

Der „Welt der Phänomene" setzt er die „Erstrebung der Selbstverwirklichung" ent-gegen. Denn Selbstver-wirklichung, lehrte uns Erwin Ringel, ist etwas, „was wir niemand anderem überlassen dürfen". So hat Fendrich ein Sensorium für den „Applaus vom falschen Fenster" ent-wickelt und ihn rechts liegen lassen. Zwar nennt er Öster-reich seine „kritiklose Liebe", aber der helle Barde läßt sich nicht als Systemsoldat rekru-tieren. „I am from Austria" gilt als heimliche Hymne ohne Hintergedanken – außer Zuneigung. Ersonnen in Florida. Als persönliche

In Florida mit Austria-Fahne: I am from ...

Internationale. „Wer will einer Pflanze vorwerfen, daß sie die Erde liebt, aus der sie wächst?" Das kann man ruhig so stehen lassen.

Denn zu Fendrichs Emotionen verriet das Horoskop „sehnsuchtsvoll und leicht verletzt". Wer viel spürt, braucht eine dünne Haut. Die astrologisch verheißene Flucht in die Musik bedarf keiner weiteren klangvollen Untermalung. Der Hang zum Okkultismus ist hingegen erstens unbewiesen, wäre aber zweitens nur konsequent: Außersinnliche Wahrnehmungen – so das schlaue Lexikon – erscheinen als natürliches und unerläßliches Rüstzeug für eine phantastische Reise durchs Leben.

Daß Fendrich, wie oben unter „Konstitution" prophezeit, auf die (eigenen) Drüsen drückt, zu Zerrungen und Frakturen neigt und häufig stolpert, fiele zwar kaum unter die ärztliche Schweigepflicht, hat aber bisher – *Hals- und Beinbruch!* –

111

Fendrich als Frau in der 3. „Nix is Fix"-Show

Cyranos Nase?

Klein-Rainhard und Mama Herta

keinerlei Relevanz. „Ein Horoskop ist wie eine Wettervorhersage", beruhigt sich Fendrich, „es sagt nicht, was passiert, sondern, wozu die Möglichkeit besteht." Immerhin „nützte" er eine dieser Möglichkeiten, als er zur dritten „Nix is fix"-Show aus einer Bühnenversenkung emporkroch, an einer Kante abglitt und im wahrsten Sinn des Wortes mitten im *Schritt* aufprallte.

Vermutlich wären damit auch gleich die „starken Drüsenreaktionen" abgehakt. Denn Fendrich schwitzte beim ersten Auftritt im dicht gefüllten großen Fernsehtheater des ORF. Diesmal aus *Lenden*-Fieber…

Nur rein zufällig an dieser Stelle und beileibe nicht als schlüpfrige Assoziation: Die Lust am Rollentausch. In allen Shows und zuletzt auch auf Tournee gibt's Fendrich als Frau. Sich tummeln in Fummeln. Steckt nicht in jedem Mann eine Diva? Selbst, wenn er *Macho, Macho* intoniert. Ohne gleich den Schwanz einzuziehen, dürfen wir ergänzen.

Beim durchaus schwülen Shooting fürs Cover einer Illustrierten verriet Fendrich ohne Umschweife: „Als Frau wäre ich ein hemmungsloses Luder und würde viel Geld damit verdienen. Nur…" – mit skeptischem Seitenblick in den Spiegel – „…die Nas'n müßt' ich mir halt operieren lassen."

Zur historischen Wahrheitsfindung und ohne in weiterreichende Verdächtigungen abzugleiten: Schon als Unschuldskind erfuhr Fendrich die Sensation *Nylonstrümpfe* hautnah. Seine Mutter, die Mode machte und damals auch vorführte, nahm den Knaben Rainhard mit an so manche

112

Gestade der Grazie. Dort, auf den Laufstegen, strich er dann zwischen endlosen Beinen umher und genoß die elektrisierenden Kunstfaser-Kontakte. Eine frühe Prägung, würden Experten drauflospsychologisieren. Eine Leidenschaft jedenfalls, die nahtlos ins Mannesalter überging.

Gehirnforscher sprechen heute von der linken „männlichen" Hälfte, mit der wir logisch und analytisch denken, und von der rechten „weiblichen" Hälfte, mit der wir träumen, spielen, riskieren und spekulieren.

Wie gesagt: Fendrich war ein erbärmlicher Mathematiker. Aber immer ein lustvoller Spieler. „Manchmal wie eine Frau zu denken", gestand er einmal im (ver)trauten Kreis, „bringt Vorteile. Man kennt ihren nächsten Schritt."

Fendrich ist fraglos ein Frauentyp. Es schmeichelt ihn, wenn er den darauf abgestimmten Fendrich-Witz hört, aber er weist ihn bar jeglicher Koketterie weit von sich:

Kommen drei bildschöne Mädchen nach dem Konzert in seine Garderobe und bedrängen ihn. Sagt der Fendrich: „Tut mir leid, meine Damen. Ich bin verheiratet. Ich kann mir keinen Skandal erlauben. *Eine* von euch muß gehen..."

Die wahre Pointe: Fendrichs Anziehungskraft hat eine Parallele zum schiefen Turm von Pisa – stets geneigt, aber er fällt nicht um. Der Schein von *everybody's darling* trügt. Mag er auch mitunter ein Star zum Anfassen sein, so bleibt er dennoch unantastbar. Sein „Herzblatt"-Engagement hat einen unleugbaren Reiz auch darin, daß der Moderator permanent von den ansehnlichsten Kandidatinnen umringt ist. „Es ist die alte Geschichte vom Esel und von der Karotte, die man ihm vor die Nase hält", sagt Fendrich, „dadurch läuft der Esel, aber er erreicht die Karotte nie."

Der Hahn im Korb...

Fendrich trifft man immer wieder mal in irgendeinem Lokal. Als Menschen, nicht als Matador. Am liebsten steht er wohl mit beiden Beinen fest in den Wolken. Man spricht mit ihm. Man diskutiert mit ihm. Man setzt sich tiefsinnig zusammen und hochgeistig auseinander. Von Zeit zu Zeit aber kommt er einem – physisch noch fit und vorrätig – als Gegenüber plötzlich abhanden. Manchmal einen Gedanken voraus, manchmal auf Krea-Tiefgang in anderen Sphären. Man schaut ihm in die Augen und es ist niemand zu Hause.

Unhöflich? Rücksichtslos? Überheblich?

Was auch immer: Bei jeder mentalen „Rückkehr" hat er ein neues Mitbringsel. Eine Melodie, eine Textzeile, ein Konzept.

Manches davon sitzt. Vieles wackelt. Und das meiste verwirft er sofort. Müßte man als Fendrich-Intimus seine stärkste Waffe nennen, dann ist es vermutlich die, die er gegen sich selber richtet. Von all dem, was er spontan an eigener Wertschöpfung wegschmeißt, könnte eine ganze Gilde von Gagschreibern, Drehbuchautoren, Filmemachern und Sängern bequem leben.

Aber der Fendrich macht sich's (und anderen) nicht bequem. Auch das ist seine Anziehung und seine Ausstrahlung.

III. Tatsachen

Anziehung (10 Leinwand = 1 Sympathie?) erscheint ebensowenig meßbar wie Ausstrahlung (10 Aura = 1 Charisma?) – aber es gibt unleugbar eine Geographie der Seele. Wer nachschlagen will, bitte: „Genius Loci" charakterisiert das geistige Klima einer lokalen Einheit.

Wien ist eben anders. Hier geboren zu sein, verpflichtet offenbar zu nichts, berechtigt aber zu den schönsten Hoffnungen.

Wie bringt man Wien einem Ortsunkundigen näher?

Karl Farkas sagte: „Wenn in Wien eine Opernpremiere ist, dann kann das beste Ländermatch sein, der Wiener geht zum Heurigen."

Graf Bobby fragte die Menschen im Kaffeehaus, die ein Fußballspiel im Fernsehen verfolgten: „Wer spielt denn da?" Als man ihm mitteilte: „Österreich-Ungarn!" stellte er eine Zusatzfrage: „Na und gegen wen?"

Ein deutscher Tourist fuhr mit dem Fiaker über die Ringstraße. Vor dem Rathaus tippte er dem Kutscher an die Schulter: „Was ist das für'n Gebäude?" Der Kutscher brummte: „Lieber Herr, des is as Rathaus!" Der Tourist blieb wißbegierig: „Und wieviele Menschen arbeiten da?" Darauf prompt der Kutscher: „Najo, vielleicht die Hälfte."

Es erscheint gewagt, derlei Anekdotisches unter dem Titel „Tatsachen" in die geneigten Spalten zu rücken. Aber, wer wie Fendrich eine humanistische Erziehung (wenn auch nicht deren „pädagogische" Begleitumstände im Internat) genoß, kennt das Wort des Lateiners: „Cum grano salis". Mit einem Körnchen Wahrheit.

Fendrich glaubt nicht an Zufälle. Er glaubt an die Komik und den Wahnsinn des Alltags, an Glück und Karriere („der Weg, den man gehen will und den man so nennt, solange er nach oben führt"). Er glaubt an die Zukunft (die ihn am meisten interessiert, weil er den Rest seines Lebens dort verbringen möchte) und er glaubt sogar an die Wiedergeburt („weil ich Angst habe, mit den Dingen, die ich in diesem Leben machen möchte, nicht fertig zu werden").

Aber, wie gesagt, Fendrich glaubt nicht an Zufälle.

Er hätte eigentlich in Köln geboren werden sollen. Seine Eltern, Herta und Harald, lebten damals dort, weil der Vater in Wien nur schwer eine Anstellung findet. Er arbeitet in der Domstadt am Rhein als Konstrukteur bei einer Waggonbaufirma. Doch seine Frau hat Heimweh und die ärgsten Bedenken: daß ihr Kind Kölsch mit Wiener Akzent sprechen wird.

Die Fendrichs kehren zurück nach Wien. Dort kommt Rainhard (mit „ai", um bei der Kurzform „Reiner" nicht mit „sauberer" gehänselt werden zu können) samt dem zweiten Vornamen Jürgen am 27. Februar 1955 um 0 Uhr und 5 Minuten zur Welt.

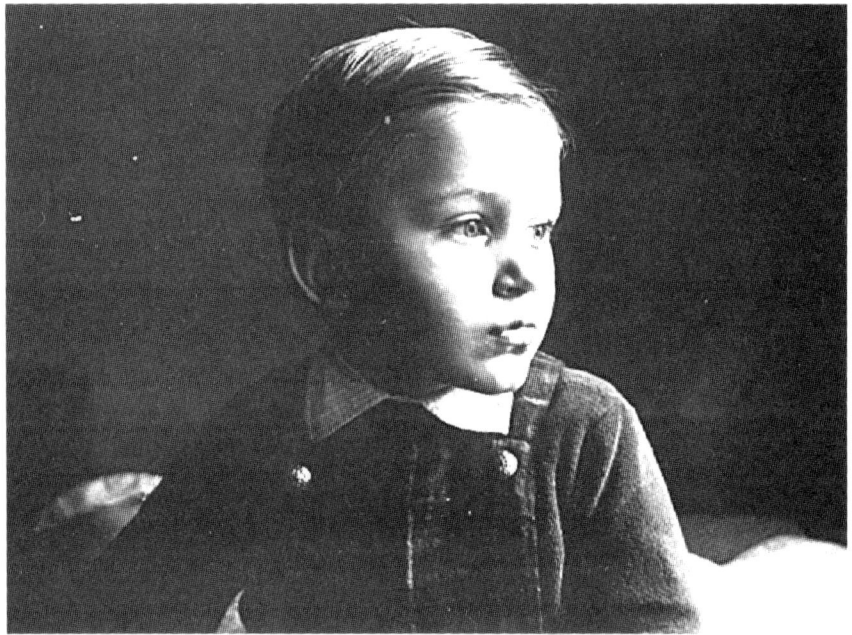

Aus dem Familienalbum

Früh weist sich eine spezifische Gruppen-Dynamik. Der Gruppe „Kindergarten" will er sich vehement entziehen, indem er sich an den Mast eines Verkehrszeichens klammert. Der Gruppe „Bunkerbande" schließt er sich hingegen enthusiastisch an. Vereinsziel: Fahrradrennen und Umweltverunsicherung.

Aufnahmsprüfung: Drei Zigaretten (die man damals noch im Stück kaufen konnte) aus der Trafik zu entwenden, ohne aufzufliegen.

Die Gruppe „Internat" wird zur unentrinnbaren Schicksalsgemeinschaft. Fendrich nennt es in der Rückblende „Gefängnis". Seine Stärken in der Schule: Singen, Tanzen, Lachen. Seine Schwächen: Stillsitzen, Aufpassen, Zusammenräumen. Seine Ängste und seine Konterrevolution, die sich noch Jahrzehnte später in Liedtexten widerspiegeln: sich willkürlichen Autoritäten unterwerfen zu müssen, sich von Bürokraten und Sturköpfen reglementieren zu lassen.

Da es also keine Zufälle gibt, wird die Theorie zur These: Nur *wegen*, nicht *trotz* des Umstandes dieser harten Schule wird aus einem Rainhard „der Fendrich". Ein zynischer Verdienst verkrusteter Verhinderer, daß sie sich das Gegenteil ihrer Bestrebungen noch an den Hut heften dürfen.

Der junge Fendrich hat ein Opernabonnement. In der Pause mancher Aufführung

Klassenfoto 1974: Wo ist Rainhard?

schleicht er sich davon. In die Disco. Mit 15 schenkt ihm der Vater eine Gitarre und er gründet mit Freunden die Gruppe „Scanty". Zu deutsch: Spärlich, kärglich, dürftig. Später steigert sich seine Band schon auf „Mother Earth". Fendrich lernt Klavier und nimmt Gesangsunterricht.

Die Schule spielt die zweite Geige. Fendrich muß zwei Klassen wiederholen, wechselt die „Anstalt" und schafft irgendwie doch noch die Matura.

Das freie Leben muß er sich – nach Taschengeldentzug durch den Vater – ebenso frei finanzieren. Als Briefträger, Nachtportier, Versicherungsvertreter und fliegender Verkäufer.

Zudem hat er mehrere abgeschlossene Hochschulstudien – denn eines Tages

Bundesheer-Ausweisfoto

schließt er mit den Dingen ab (etwa mit Anglistik, Amerikanistik, Romanistik, Sport und Jus). Das Bundesheer führt ihn nach Linz, versetzt ihn zunächst in alte Ängste, dann aber nach Wien zurück, wo er als Fahrer eines Generals recht komfortabel durchrutscht.

Ende 1976 ist Fendrich verliebt. Er zieht mit Irene zusammen. 1977 schickt er Demobänder seiner Lieder an Plattenfirmen und ans Radio. Man bescheinigt ihm zwar „schlechte Texte", aber die legendäre Talente-Tante Eva-Maria Kaiser verschafft ihm dennoch erste Bühnenerfahrung. Fendrich singt als Vorprogramm bei bereits arrivierten Stars der aufkeimenden Szene, wie Wilfried oder Peter Cornelius.

Nach erfolgreicher Aufnahmsprüfung fürs Musikkonservatorium der Stadt Wien belegt er das Fach Operette. Und draußen auf der Straße reift er zum Liedermacher, zunächst wohl treffender zum „Bänkelsänger". Denn bei einem Gesangswettbewerb in einem Wiener Park spielt er mit einem Freund und Weggefährten nicht nur redlich *auf*, sondern auch weidlich *falsch*: die Entscheidung – die Summe des ersungenen Geldes von den vorbeipromenierenden oder auf Bänken harrenden Parkbesuchern – nehmen Fendrich und Dieter Frank beherzt in beide Hände. Sie füllen ihr Säckel heimlich, dafür aber auch höchstpersönlich. So beeindrucken sie einen Schauspieler des „Theaters an der Wien", den späteren TV-Ansager und heutigen Werbe-Agenturchef Erich Götzinger, der nach einem rechtschaffenen (!) Einspringer für sich selbst sucht. Mag er sich heute auch als Geburtshelfer wähnen, der Götzinger, so schien sein damaliges Motiv doch weit profaner: *Der* Typ soll mich ruhig ersetzen. Von *dem* droht keine Gefahr.

Fendrich kommt prompt in der „Gräfin vom Naschmarkt" zum Zug. Und zieht. Wer glaubt an Zufälle? Ein letztes Mal, zum Mitschreiben: Fendrich nicht.

Mit 22 spielt er sogar in einem Colgate-Kinospot. Ein Hauch von Film. Wenn auch in der Rolle des *Muru*, einem Antihelden mit schlechtem Atem. Aber Fendrich kommt auf den Geschmack. Hamlet, Othello, Walzertraum und Jesus Christ Superstar. Alles ohne Ausbildung, aber mit einer instinktiven Einbildung. Fendrich spürt sich. Und er läßt andere mitfühlen. Der große Theaterintendant Rolf Kutschera erkennt sein Talent, die wunderbare Schauspielerin Krista Stadler formt es. Zudem versteht sie es, den Newcomer über ätzende Rezensionen hinwegzutrösten. Erst viele Jahre später, „seit ich die Menschen kenne, die Kritiken schreiben, nehme ich sie mir nicht mehr zu Herzen". Die wertvollsten Zeilen widmeten ihm just große ausländische Publikationen, wie etwa die altehrwürdige Neue Zürcher Zeitung.

Im Schauspielhaus gibt er 1980, ermuntert von einem weiteren wichtigen Mentor, Direktor Hans Gratzer, sein erstes Konzert. Den Saal hat er fast eigenhändig mit Freunden vollgestopft. Beim zweiten Konzert hören bereits wichtige Platten-menschen mit. Fendrich wird von Angeboten überhäuft und wählt – behutsam, kritisch und geschmeichelt – das beste. Von der ersten professionellen Sekunde an mit seinem heutigen Management in der Ringecke. Karl Scheibmaier und Herbert Fechter („profil promotions"). Er unterschreibt am 5. März 1980 einen Zweijahres-vertrag bei Polygram. Seine erste LP heißt „Ich wollte nie einer von denen sein". (Aber erst sechs Jahre später wechselt Fendrich zu Ariola).

Das Radio-Denkmal Ernst Grissemann ist von Anfang an begeistert und läßt das mit seiner legendären Stimme auch weithin vernehmen. Aber Fendrich verkauft sich mit dem Debüt-Album – trotz intensiver Promotion – unter allen Erwartungen. Weit mehr Hörer erreicht er mit der vierzehntägigen Ö3-Sendung „Lieder im Spiegel", die er, alternierend mit Erika Pluhar, moderiert: „Nicht aus Spaß. Es hat mir überhaupt nicht getaugt. Aber ich brauchte das Geld."

Der Aufbruch glückt irgendwann Mitte 1980. Fendrich lernt die blonde AUA-Stewardess Andrea kennen. Die Frau seines Lebens. Und Fendrich lernt einen Kalauer kennen: Bei einem Lagerfeuer am Wolfgangsee fällt (aus dem Mund des Bruders eines Freundes) der Satz „Kane Lire und kane Papiere".

Der Durchbruch trägt ein exaktes Datum: 22. Juni 1981. Zwischen zwei Uhr nachts und Sonnenaufgang wird im „Vienna Soundmill"-Studio in der Maurer Lange Gasse dieser einfache Satz zum gewaltigen Sprung. Mit Dieter Frank und Joesi Prokopetz (als Koproduzenten) spielt Fendrich „Strada del Sole" ein. Eine Woche später präsentiert man die Single im Szenelokal „Pronto". Vierzehn Tage drauf sind 20.000 Stück verkauft, das Lied kommt sechsmal täglich im Radio.

Am Ende sind 99.000 Platten weg. Ein Erdrutsch-Sieg. Nur einer ist ahnungslos: Rainhard Fendrich. Er hatte sich entschlossen, mit geborgten 10.000 Schilling (vom mittlerweile aus seinem Manage-ment geschiedenen Karl Scheib-maier), einer Gitarre und einem Schlafsack mittels billigster

Fendrich mit Dieter Frank, seinem Partner der ersten Stunde

Linienbusse nach Griechenland zu trampen. Auf einem Campingplatz auf Kreta drückt ihm ein Tourist die „Krone" in die Hand und damit auch aufs Haupt. Der etliche Tage alten Zeitung entnimmt er seine Hitparaden-Plazierung. Nummer 1.

Was Fendrich seither erreicht hat, ist am einfachsten in Zahlen zu gießen. Große Hits, riesige Erfolge, gewaltige Resonanz.

Harald und Rainhard Fendrich damals...

Was er geblieben ist, erscheint freilich noch eindrucksvoller – so barock es anmuten mag: Einer, der treu ist. Sich selbst in der Kunst, wo er so gut wie ausnahmslos nur auf eigene Kompositionen und Texte vertraut. Den Seinen im Leben, wo er etwa den jüngeren Bruder Harald, zu dem er bis dahin ein kompliziertes und distanziertes Verhältnis hatte, genau in dem Augenblick wie einen verlorenen Sohn an die Brust drückte, als dieser in den Mittelpunkt eines Drogenskandals geriet.

...und heute

120

Fendrich ist, was er mit seiner Überdosis an Möglichkeiten werden mußte. Einer, der spielt.

Einer, der auch verlieren lernen mußte: Das zweite Kind seiner Ehe mit Andrea, die kleine Theresa Valentina, stirbt im Winter 1989 einen unerklärlichen und unfaßbaren Tod.

Und letztlich ist Fendrich zur Halbzeit seines Lebens einer, den man „immer noch" sehr gut brauchen kann: Einer, der liebt. Einer, der gibt.

Wer könnte mehr von sich behaupten?

Texte

von Rainhard Fendrich

„ICH WOLLTE NIE EINER VON DENEN SEIN"
(ALBUM, 1980)

Rainhard Fendrich

Ich wollte nie einer von denen sein

Hat es denn in eurem Leben
nie was Wichtigeres geben
als Autos und die neueste
Fiorucci-Schal'n?
Habt's ihr euch net mehr zum sagen,
kann man euch nix anders fragen?
Nur einfach einmal reden hätt' i
wollen.

Drum sauf i mi an
und drum rauch i mi ein…

HEUT SAUF I MI AN

Heut sauf i mi an und heut rauch i mi
ein. Laßts mi in Ruh, i find nix dabei.
I wü nix mehr hören und i wü nix
mehr sehn,
I wü nix erklären und a nix mehr verstehn.

I kann über eure blöden Witz nimmer
mehr lachen, weil's mir ehrlich g'sagt
viel zu vertrottelt san.
Ihr könnt's eure seichten Schmäh jetzt
ganz allanich machen,
denn die gengan mi die ganze Zeit
schon an.

Drum sauf i mi an
und drum rauch i mi ein…

Könnt's ihr denn nur über eure
Discohasen reden und wieviel's von denen schon vernichtet habts?

Glaubt's ihr, eure Weibergeschichten
interessiern an jeden, weil's ihr gar so
viel damit am Teppich haut's?

Drum sauf i mi an
und drum rauch i mi ein…

MUNDGERUCH

Ich bin ein Wunder der Natur
von höchst athletischer Figur
und für mein Alter noch dazu intelligent.
Auch meine Physiognomie
erfreut sich höchster Sympathie,
ich bin ein Mann wie man ihn nur aus
Filmen kennt.
Ich pflege mich stets mit der Frische
von Lemonen,
um meine herbe Männlichkeit noch zu
betonen.
Ich bin viel schöner als der Dean –
wißt's eh, der James, der aus'm Film,
und trotzdem hab' ich bei den Frauen
kan Erfolg.

Denn ich hab' Mundgeruch,
das stört mich so, wenn ich bei Damen
Anschluß such.

Ich hab' schon all's probiert, doch hab'
ich bis jetzt noch kan Weg gefunden,
der mich zum Erfolge führt.
Bei mir hat alles keinen Sinn,
nicht einmal Hexachlorophen,
das Klumpert bleibt in seinen roten
Streifen drin.

Ich tät so gern mit manchem schönen
Mäderl knutschen
anstatt allanich dauernd scharfe
Zuckerln lutschen.

Was nützt an seine Männlichkeit,
man ist gestraft für alle Zeit.
Was nutzen an die Körperformen von
Adonis,
wenn ana jeden Frau nach zwei
Minuten schlecht is.
Ich kann's nicht ändern mit Gewalt,
die letzte Möglichkeit bleibt halt,
daß ich mein ganzes Leben lang die
Gosch'n halt.

HALT MI NET FÜR'N NARRN

Red dir do net ein, daß des, was du da
spürst, auf einmal ganz was anders is.
Laß die Faselei von Liebe und dem
Schmarrn, du hast ja vor dir selber
Schiß.
Ja, du bist a Frau, des brauchst ma net
erklär'n, das is ja net zum übersehn.
I waß ganz genau, wie du dir des so
denkst, i glaub, da wird nix einegehn.

Tuat ma lad für di, bei mir wirst du ka
Leiberl reißn, des san leere Kilometer
und die kannst dir spar'n.
Laß an andern in die zache Semmel
einebeißen,
bitte sei so guat und halt mi net für'n
Narr'n.
Mach dir doch nix vor, des is nur
momentan und außerdem, weilst besoffen
bist.
Laß mi doch in Ruah mit dera
Wanerei, am besten is, wennst
schlafen gehst.

Oder nimm dir doch so an von deine
schicken Freund',
die fahr'n doch alle o auf di,
alle wie's da san, so lässig und potent
mit ihr'm Copacabana-Schmäh.

Tuat ma lad fia di, . .

KOMMUNE

Jetzt stö da des doch bitte amoe vua,
er woa doch immer so a braver Bua,
er hot doch imma ollas g'habt,
sag is denn der jetzt überg'schnappt,
soll das vielleicht der Dank für
ollas sein?
Wos wü der in ana Kommune?

Ma waß ja aus'm Fernsehn ganz genau,
mit sowas fangt ja das Verbrechen an,
mit Haschisch und mit andern Giften
tan's dort Terroristen züchten.
Daran is nur dei Erziehung schuid,
sonst wara in kana Kommune!

Dabei woan wir mir doch immer rück-
sichts- und verständnisvoll,
a ganzes Lebn lang hamma uns nur für
eam plagt.
I waß net, was ma denn für seine Kinder no alles leisten soll,
mia wean anscheinend überhaupt
nimmermehr g'fragt.

Mir hätt' er des ja dürfen gar net sagn,
i hätt' eam ja glei auf der Stell'
daschlagn,
dem g'herat in die Goschn g'haut,
der kann da do net ganz einfach sagn:
i geh jetzt in eine Kommune!

Ab heute gehst du mit'n Hund
spaziern, i tua mi do net vor die Leut'
blamieren,
wenn uns unsre Nachbarn fragn:
Sagn S' stimmt denn des, was ma si so
dazählt?
Ihr Sohn is in einer Kommune?

Der soll si nimmer bei uns einetraun,
i miassat eam de Stiagn glei obehaun,
warum san mir so g'straft wuan mit dem
Buam? Ab heute is der Flegel für uns
g'stuabn!

MENSCHEN

Die, die deine Hände drücken
und dann hinter deinem Rücken
sagen, was sie wirklich denken
lächelnd ihre Lügen lenken –
Menschen

Die dir auf die Schulter klopfen
Worte in die Ohren stopfen
wenn sie dich genug betrogen
spürst du ihren Ellenbogen –
Menschen

Die mit blütenweißen Westen
deine Atemluft verpesten
die dir deine Fehler sagen
heimlich ihre Kinder schlagen

Die auf dicken Hintern sitzen
grinsend ihren Bleistift spitzen
dich mit ihren Reden lähmen
über deinen Wert bestimmen –
Menschen

Die, die ihre Macht verteilen
vollgespickt mit Vorurteilen
die, die in den Händen schwitzen
ängstlich ihren Ruf beschützen –
Menschen

Die gerecht in allen Sätteln
niemals um Vergebung betteln
die dir in die Augen sehen
furchtlos über Leichen gehen

Die sich deine Freunde nennen
weil sie deine Schwächen kennen
und dann hinter deinem Rücken
lächelnd sich die Hände drücken –
Menschen

LEBEN

Eingerahmt von freundlichen
Fachwerkhäusern wiegt sich die
Vergangenheit auf holprigem
Kopfsteinpflaster in Sicherheit. Hie
und da riskiert die Sonne einen
Strahl durch den gelben Industrienebel
und zwingt den engen Gassen ein
Lächeln ab. Der alte Dom protzt mit
seiner Architektur. Das Klicken der
Fotoapparate scheint ihm zu gefallen.
Die Parolen von Freiheit und Frieden
an seinen Mauern sind schon etwas
verwaschen. Regen und Mißachtung
haben ihnen arg zugesetzt.
Man könnte sie etwas auffrischen.
An Straßenecken stehen Musikanten
unrasiert in Tennisschuhen und zupfen
auf ihren buntbemalten Gitarren.
Sie sind geduldet. Der Kaffee schmeckt
etwas dünn, und doch beginnt man
sich zu freuen. Vergangenes wird
beiseitegeschoben, Vergessenes hervor-
gekramt, Zukünftiges verliert und
Gegenwärtiges gewinnt an Bedeutung.
Die Tätigkeit, eine Zigarette zu drehen
und zu schauen, befriedigt völlig.
Gedanken dürfen frei herumhängen
und man bemerkt, daß man sehr viel
versäumt hat. Es gehört eine Menge
Mut dazu, jung zu sein.
Hoffentlich haben wir genug davon,
denn wir haben noch einiges vor.

Noch haben wir die letzte Chance
nicht versäumt,
uns mit dem Leben zu versöhnen.
Der alte Zwang zu der Enthaltsamkeit
vergeht mit jedem Lächeln, das wir
nehmen.

Wir können noch so viel bereu'n,
wir wollen weinen, wollen schrei'n.

Der erste Schritt fällt uns vielleicht
noch etwas schwer,
doch kommen wir uns selbst entgegen.
Man atmet leichter und das Hirn fühlt
sich nicht leer.
Wir bluten rascher, doch das trennt uns
von den Trägen.

Die Zeit der Tugend kommt bestimmt,
wenn wir verfault, vermodert sind.

Wir wollen uns in jedem Schoß zu
Hause fühlen,
der zärtlich Lust und Wärme hegt.
Doch will uns lähmende Geborgenheit
verhüllen,
ist jede Leidenschaft dahin.

Noch ist die Zeit, in der wir blüh'n und
wachsen können,
was schert uns Zucht und Sicherheit.
Noch können wir uns die
Vergänglichkeit gönnen,
zum Sterben bleibt noch soviel Zeit.

Wir wollen uns noch rasch soviel von
allem nehmen,
wie wir zu tragen fähig sind.
Wir müssen uns vor unserm Gott
bestimmt nicht schämen,
denn um zu leben waren wir bestimmt.

DISCO BABY

Geh' Madl stö di net so an,
du waßt genau,
mir zwa san net zum Fernsehn da.
Geh' bitte goa schön, drah' kan Film,
um Gotteswill'n,
i wü do mit dir do net Kartenspiel'n.

Zeascht in der Discothek
da hab i dir no g'falln,
dann hab i diafn zahl'n,
sag amoe, wüst mi rolln, du Schnoen?
Glaubst denn, du bist so sche,
du schiache Praterfee?
Zeascht sagst, du stehst auf mi
dann soll nix einegeh, du Weh?
Geh bitte Madl, sei do gscheit,
pfeif auf die Leit, dir schad's auf kan
Fall und mir mochts a Freid.
Geh hea ma auf mit deine Schmäh,
die kenn ma eh,
mit denen kannst die brausen geh!

Na du brauchst ma nix erklean:
i wü nix hean.
Gch ham und hab mi gean.

ZWEIERBEZIEHUNG (GESTERN HAT MI'S GLÜCK VERLASSEN)

Jetzt sitz i wieder da und bin
allan, wie hast mir des nur antun können? I trau mi gar net ins
Kaffeehaus umme, weil sa se wieder
ohaun tätn über mi, die
G'sichter. Immer woa i nur der
Depperte, der Blede, aber wia i auf
amoe mit Dir daherkommen bin, do is
eana die Lad' obeg'falln, da ham's
g'schaut. Neidisch san's g'wesen, vom
ersten Augenblick an hab i gwußt, daß
neidisch war'n, aber Du hast mir g'hört,
mir ganz allan.

Gestern hat mi's Glück verlassen,
Du liegst am Autofriedhof drauß'en,
dabei warst Du doch immer oes für mi.
I kann mir's Wana net verbeißen,
was warst Du für a haßes Eisen
und überblieb'n is nur a Havarie.

Nie werd' i den Tag vergessen, wie wir
zwa uns das erste Mal g'sehn ham: es
war Liebe auf den ersten Blick. I hab
sofort g'wußt, di muaß i ham, um alles
in der Welt. Am Anfang hat er noch
Mucken g'macht, der Herr Papa, aber
dann is er schon außeg'ruckt mit de
Tausender. Und wia'st dann vor mir
g'standen bist mit deine braden Rafen
und deine Schweinsledersitz: ein Bild
für Götter.
Kannst di noch erinnern, wie mas erste
Mal auf der Autobahn war'n, mia zwa
ganz allan, wie ma dem Porsche no bei
200 davonzogen san? Bei Dir hot er die
Gurken g'habt, der Herr Carrera.

Gestern hat mi's Glück verlassen,
Du liegst am Autofriedhof drauß'en,
dabei warst Du doch immer oes für mi.
I kann mir's Wana net verbeißen,
was warst Du für a haßes Eisen
und überblieb'n is nur a Havarie.

I kann gar net vastehn, wie des alles
hat passiern können. Die Kurven hat
do leicht 130 vertragen. No, vielleicht
hätt' i de sechs Vierteln net trinken
solln, aber mit sechs Vierteln is ma do
net ang'soffen, oder?
Überhaupt nix wär passiert, wann net
der Bam dagstanden wär: „Für ein grü-
nes Wien", so a Bledsinn. De solln ihre
Stauden woanders hinpflanzen.
Gar nix hätt's ma gmocht, wenns ma
den Führerschein weggnumma hätten,
hätt' ma halt in wilder Ehe zusammen-
gelebt, aber daß i di jetzt umman Kilo-
preis hergeben muß,
des reißt ma's Herz auße.

Gestern hat mi's Glück verlassen,
Du liegst am Autofriedhof draußen,
dabei warst Du doch immer oes für mi.
I kann mir's Wana net verbeißen,
was warst Du für a haßes Eisen
und überblieb'n is nur a Havarie.

DU SITZT VOR MIR

Du sitzt vor mir
und i waß no net,
wie i dir des alles beibringen werd'.
Denn daß mia zwa zamg'hörn,
des spielt's doch schon
lang nimmer mehr.

Du schaust mi an
und i waß ganz genau,
mia zwa leben aneinander vorbei.
Es hat doch kan Sinn mehr
mit uns,
siehst du des denn net ein?

Mia ham uns gern g'habt,
mia woan so verliebt,
daß die Leit si
am Kopf griffn habn.
Jetzt samma uns so egal,
daß ma net amoe mehr
mitanand streitn tan.

I muaß da des jetzt afoch sagn,
doch wia fang i nua an.

Stö da doch voa
wias mit uns amoe woa,
fallt da denn do dabei goa nix auf?
A Lebn so wie wir zwa des jetzt fian,
da pfeif i da drauf.

Siehst du denn net
wias mit uns zwa jetzt steht,
geht denn des in dein Schedl net rein?
So gehts nimma weida,
versteh doch, es muaß afoch sein.

Ja früher, da hamma no Luftschlössa
baut
und ham tramt von an Lebn zu zweit..
„Nie wiads was gebn, was uns zwa
trenna kann":
ma teischt si, jetzt is es soweit.

I muaß da des jetzt afoch sagn,
doch wie fang i nur an.

Was schaust mi denn so an?
Ach so, wir wollten miteinander reden.
Na, es war net so wichtig,
kum gemma schlafen,
morgen is a no a Tag.

ANGST

Krank und übersät mit
Angstgeschwüren
seh'n wir sie erneut das Feuer schüren.
Aufgebracht in kalter Wut,
entschlossen,
sich mit Wollust sattzuhassen.

Völlig machtlos mit gebrannten Häuten
dämmern uns von fern Vergangenheiten,
die wir ständig suchten zu vergessen,
doch vergeblich, sie sind machtbesessen.

Söhne, die von Vätern sterben lernten,
hoffen auf Gewalt Vernunft zu ernten.
Kinder, die sich unbesiegbar fühlen,
träumen lüstern davon, Krieg zu spielen.

Hände, die zu Fäusten schwellen,
alles in den Schatten stellen,
was wir über Liebe hörten,
achtlos ihr den Krieg erklärten.
Ausgepeitscht durch Kampfparolen
droh'n Gehirne zu verkohlen
noch bevor sie denken konnten,
weil sie sich in Trägheit sonnten.
Kraft und Freiheit,
danach woll'n sie streben
und voll Stolz
die Hand zum Schlag erheben.
Sie, die nichts
von Blut und Tränen wissen,
wollen herrschen zornig und verbissen.
Seht den Tod, der kalt und stählern lauert,
unterirdisch, stumm und eingemauert,
sorgsam aufgeteilt in Megatonnen.
Haben sie ihn schon für sich gewonnen?

Friede, der allein mit Angst gemästet,
hat die Freiheit nach und nach verpestet.
Dünn die Luft, in der wir atmen können.
Wer kann noch das Recht
vom Unrecht trennen?

Hände, die zu Fäusten schwellen,
alles in den Schatten stellen,
was wir über Liebe hörten,
achtlos ihr den Krieg erklärten.
Ausgepeitscht durch Kampfparolen
droh'n Gehirne zu verkohlen.
Alles wollen sie riskieren.
Nein, wir wollen nicht marschieren.

KINDER

Wundert euch nicht,
wenn sie euch eines Tages
nicht mehr glauben.
Wundert euch nicht,
denn ihr habt ihnen Märchen erzählt.
Wundert euch nicht,
wenn sie euch eines Tages
nicht mehr fragen,
denn Fragen,
die haben sie oft euch
vergeblich gestellt.

Ihr habt euch viel mehr als euch
zusteht genommen, ihr werdet dafür
ihre Antwort bekommen,
verlaßt euch darauf,
daß sie eines Tages mächtiger sind.

Die Kinder von heute, sie haben
verloren, bevor sie geboren.
Ihr habt sie erzogen,
ihr habt sie betrogen,
sie werden euch hassen dafür.
Ihr habt ihnen niemals
die Chance gegeben
auf eurer Asche ein Leben zu leben.
Verlaßt euch darauf,
sie werden es niemals verzeih'n.

Wundert euch nicht, wenn sie euch
eines Tag's übersehen.
Wundert euch nicht, denn ihr habt sie
nur Blindheit gelehrt.
Wundert euch nicht, wenn sie niemals
die Wahrheit erkennen,
sie war viel zu lang in den Kerker der
Feigheit gesperrt.

Ihr habt eure Macht
oft mit Göttern gemessen und dabei
auf eure Schwachheit vergessen.
Sie wird euren Erben
sehr verhängnisvoll sein.

Die Kinder von heute…

Wundert euch nicht, wenn sie euch
eines Tages erschlagen.
Wundert euch nicht, denn ihr habt es
nicht besser verdient.
Wundert euch nicht, wenn sie euch
mit Vergessenheit strafen.
Ihr habt sie daran mit geschwätziger
Sorgfalt gewöhnt

Sie sind noch
in schützender Wärme gekrochen,
da habt ihr schon
blind ihre Zukunft zerbrochen.
Verlaßt euch darauf, daß sie eines Tags
mächtiger sind

ICH WOLLTE NIE EINER VON DENEN SEIN

Ich wollte nie einer von denen sein,
die sich von fremden Zungen ihre
Weisheit stehlen,
dressierte Ohren mit schlechtkopierter
Klugheit quälen,
die in den Spiegeln der Vernunft sich
selber sehn
und Unzulänglichkeiten niemals einge-
stehn.

Die nie im Leben aufbegehren,
sich mit jedem arrangieren,
die verdammt in ihrer Mittelmäßigkeit.
Die auf ausgetretnen Wegen
keinen Schritt zu weit bereun,
ich wollte nie einer von denen sein.

Ich wollte nie einer von denen sein,
die sich mit vorgewärmter Sicherheit
begnügen,
und überängstlich ihre dicken Häute
pflegen,
verbittert lebenslänglich ihre Kreise
ziehn,
mit toten Augen ahnungslos im Dunkeln stehn.

Die eingebettet in Schablonen, sich in
Bequemlichkeiten sonnen.
Ständig wiederkäuend, niemals hungrig
sind.
Die auf ausgetretnen Wegen keinen
Schritt zu weit bereu'n.
Ich wollte nie einer von denen sein.

„STRADA DEL SOLE" (SINGLE, 1981)

I steh in der Hitz auf da Strada del Sole,
die Füß tan mir weh in de neichen
Sandale,
mei Freundin is oposcht mit an Italiano,
des Geld ham's mir g'stessen, jetzt steh i
alan do.

Und hab keine Lire
und keine Papiere
so was haut de net fire…

Auf amal war's bäule mit dem Papagalli
und mi laßt's da anglahnt mit meine
neichen Sandale
des is a Skandale…

Er wollte Amore mit Bella Ragazza
auf Sentimentale und auf der Matrazza.
Dann ist er noch antanzt
mit'n Alfa Romeo,
z'erst hab i ihn noch ausg'lacht
und jetzt steh i schen do.

Und hab' kane Lire…

Er hat's mit'n Schmäh packt auf Dolce
Far Niente,
net sehr viel im Hirn, aber molto
potente
dem hau i die Zähnt ein.

I wollt nach Firenze, nach Rom und
nach Pisa,
doch jetzt hab i endgültig gnua von die
G'friesa.
Total abgebrannt steh i da ganz allani,
war i nur dahambliebn
bei meine Kumpani.
I wünschert des alles
am liebsten zum Teifl,
was brauch i den Blödsinn,
i steh auf's Gänsehaufl
auf Italien pfeif i.

„UND ALLES IST GANZ ANDERS WORD'N" (ALBUM, 1981)

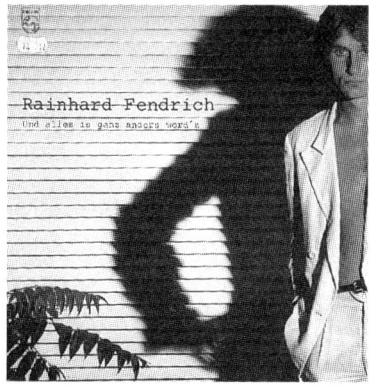

RAZZIA

Gustav ans an Gustav zwa,
mia machn heut a Razzia.
Bitte haltets euch bereit,
es is wieda amoe soweit.

A alte Frau die alles siecht
und alles hört, hat sich beschwert,
weil aus dem Untergrund es lärmt
ihr Hunderl is scho ganz verhärmt
sogar ein nettes Ehepaar
brachte eine Beschwerde vor
da is bestimmt was illegal
ich tipp auf ein „Nju Wef"-Lokal.

Gustav ans an Gustav zwa
mia machn heut a Razzia
wenn uns das Glück nicht ganz verläßt
zerstörn wir gar ein Rauschgiftnest.

Was sich die Jungen heut erlaubn
des sollt ma wirklich gar net glaubn
des hätt es früher alls net gebn
na de wern heute was erlebn
es ghört, daß die Gesetzesfaust
auf das Gesindel niedersaust
für sowas haben wir gottlob
ja unseren Elitetrupp.

Gustav ans an Gustav zwa
mia machn heut a Razzia
bitte seids a bisserl vif
weu sonst geht wieder alles schief.
Der letzte Einsatz war a Flop
mia warn vielleicht a bisserl grob
obwohl wir alles wohl durchdacht
wie das der Kojak immer macht
wir habn da einen Mann bedrängt
der grad an einer Nadel hängt
mir habn gedacht ein Punker
dabei wars ein Zuckerkranker…

Gustav ans an Gustav zwa
mia machn heut a Razzia
allanich mit Psychologie
vernicht ma diese Gfraster nie.

Weil kommt da ein Student daher
der glaubt er is da irgendwer
dann fliagt er gegn die Autotür
da kemma leider nix dafür
und wird er dann noch rabiat
dann ab aufs Kommissariat
dort wird er ordentlich verhört
bis er si nimmermehr rührt.

Gustav zwa an Gustav ans
mia habn da eine Diskrepanz
wos ihr dazöts des stimmt net ganz
was machts ihr denn mit uns für Tanz
mia rasn durch die hoibe Stadt
mit einem murdstrumm Aufgebot
ihr wißts bei sowos san ma schnell
hundert Mann und kein Befehl
Doch als wir dort dann angelangt
da wurde nicht herumgepunkt
wir habn den Augn nicht getraut
es war ein Fernseher zu laut.

SCHICKERIA

Nahtlos tief die Bräune,
sportlich die Figur
weu des Maskuline drängt si bei uns vua,
mir san immer locka,
schick und elegant,
unwahrscheinlich lässig,
rasend interessant.

Und die Hasen de pickn auf uns
pausenlos wia die Kletten
weu mir haum warum soi mas net sagn
unsere Qualitäten.

Mir san die Hautevolee
mir haum den Überschmäh
mir san a Wahnsinn
mir san in.

In der Schickeria do san ma daham,
weu mir zweifelsohne
die besseren Leute san,
mir san in der Szene
immer hautnah am Geschehn,
weu mir ham die Power,
mir san souverän.

Wenn uns fad is
dann jetten wir einfach
ganz rasch auf d' Seychellen,
und dann surfen wir professionell
umadum auf die Wellen.

Mir san die Hautevolee…

Finanzielle Probleme lacosten
uns nur einen Husta,
des spüt goa keine Rolex,
der Oide brennt eh wie ein Lusta.

Mir san die Hautevolee…

Mir san in… in Wien.

BODYBUILDER

Ich war ein Zniachtl einst mit 62 Kilo
a räudigs Stammerl
eine traurige Gestalt
und alle sagten
ich schau aus wie ein Mordillo
dem was das Essen
ausm Gsicht grad aussefallt
ich muß gestehn
ich war bei Gott nicht apollonisch
was meinem Körper dringend fehlte
war Figur
Was bei den anderen männlich war
war bei mir komisch
Ich sagte mir es muaß wos gschegn
jetzt hob i gnua.

Das Schicksal brachte sich mir dar
in einer Spalte
wo fett gedruckt unübersehbar stand
auf daß ein zarter Körper
sich ganz rasch entfalte
muß man dafür einiges tun
das ist bekannt
bei uns sind Sie auf alle Fälle gut beraten
wir bilden jeden Body aus in kurzer Zeit
in jeder Größe ganz auf Wunsch
und auch auf Raten
ganz unverbindlich
liegt ein Katalog bereit.

Sie können zwischen mehreren
Modellen wählen
wir sind bekannt für unser
reiches Sortiment
Modell Flash Gordon
können wir wärmstens empfehlen
des is nämlich a Riesen-Renner
im Moment
Sie werden aufgebaut
von unseren Experten
Elektroschocks ersparen Ihnen
jeden Schweiß
unser Computer wird Ihnen
die Wadln härtn
die Qualität entscheidet letztlich
nur der Preis.

I hab sofurt gewußt
des is jetzt meine Chance

jetzt nur kein allzulanges Zögern
nix wie hin denn es genügt
heut nicht mehr die Elegance
nein erst der Muskel
macht den Mann erst richtig schön
jetzt bin i vollgestopft bis ob'n
mit Proteinen
ich werde aufgepapperlt,
daß aus mir was wird
scho in der Fruah schütt i mi zua
mit Vitaminen
vollelektronisch wird
die Wampn korrigiert.

I hob a Kraft im Bauch
wia hundert wüde Nega
da Tarzan is a nockats Hascherl
gegen mi
nur so vü Muskln
mochn an a bisserl träga
zu schnö bewegn oder laufn derf i nie.

Auch mit den Damen darf ich jetzt
nicht mehr verkehren
weil Überanstrengung
is schlecht für die Figur
und außerdem kennt ich mir
dabei etwas zerren
dann wa des ganze Bodybuilding
für die Hoa.

POLYÄTHYLEN

(Text: Fendrich/Prokopetz)

I stö ma des so voa
de ganze Wöd aus Styropoa
strahlend weiß und ausgebleicht
bügelfrei und pflegeleicht
ma kann sog'n wos ma wü
alles Leb'n is Chemie.

I bin hoit a Fan von Polyäthylen.

I stö ma des so voa
alle Frau'n nua aufblosboa
daß sich auch der kleine Mann
eine Freude leisten kann
weu olles geht vü leichter mit
Polyvinylchlorid.

I bin hoit a Fan von Polyäthylen.

I stö ma des so voa
Menschen wachsen im Labor
willenlos und wunderschön
mit aner Haut aus Isopren
Leute mit an Plastikhirn
kann man leichter dirigieren

I bin hoit a Fan von Polyäthylen.

I stö ma des so voa
steab'n aun ana Nylonschnua
auch wenn sie sehr schädlich is
Hauptsach daß sie tödlich is
eines weiß ich ganz gewiß
daß mei Grab aus Plastik is.

I bin hoit a Fan von Polyäthylen

UND ALLES IS GANZ ANDERS
WORD'N

Und alles is ganz anders word'n
i hab mi aus die Augn verlorn
es hat a vü zu grelles Licht mi irritiert
i hab auf amoe nix mehr gspiat.

Es wird die Fantasie erstickt
wenn man zu weich und sicher liegt
i bin ma söba plötzlich immer fremder
word'n
i hab mein letztn Freund verlorn.

I muaß wieder
nach Schweiß und Beisl riachn
weu i den feinen Duft nimmamehr mag
i derf mi nimma
in Verlogenheit verkriachn
aus Angst
daß i die Wahrheit net vertrag'.
Ganz unten muaß i
nach die echten suachn
weu von heroben
sicht ma die so schwer
und wieder auf die
ganz ganz leisen Töne muaß i hurchen
und net aufs allerlauteste Geplärr.

Jedes Lachn is a Gift
wenns di amoe in Ruckn trifft
die Falschheit kriacht ma
wie a Schlangen in mei Hirn
i kann mi net dagegen wehrn
I muaß wieder
nach Schweiß und Beisl riachn...

SONNENUNTERGÄNGE

Wenn die Bam dann wieder ganz
nackert dastehn werdn, dann wirds
wieder amoe zu spät sein. Da Winter
wird ma ins Gsicht hängen und i werd
wieder amoe a Jahr weggworfen habn,
a Jahr, in dem doch sovü hätt passieren
können, in dem doch sovü hätt
passieren miassn.

I sitz daham umadum und schau ma
kitschige italienische Postkarten an,
die i ma irgendwann amoe selber
gschickt hab, und tram vom Summer.

Ja und dann, dann fallst ma du ein, du
mit dein siaßn Parfüm, von dem i ma
noch nie den Namen hab merken
können. Aber du bist wieder amoe net
da, dabei wa doch jetzt grad der
richtige Augenblick zum Davonrennen
I nahmat di bei da Hand und mia
rennerten hin, irgendwohin wo die
Leut lebn, weus ihnen Spaß macht,
aber das geht nicht, ich weiß daß das
nicht geht, man muß zufrieden sein mit
dem, was man hat. Aber ich hab doch
immer schon a bissl mehr wolln, immer
a bissl mehr als notwendig und es
macht ma unhamliche Angst, daß i
immer mehr wü, immer mehr mecht,
und ganz afach immer weniger tua.

I mecht mit dir dorthin,
wo d'Sunn daham is,
damit's uns unser Ködn außabrennt,
durt wo da Himme
wia a schwarzer Samt is
soll ma passiern was i versamen kennt.
I zöl an deiner Haut die Wassertropfen,
du schenkst ma dann a Lachn ein,

mia könnten
miteinand ins Leben hupfen
und endlich amoe
selbstverständlich sein.

Da Einsamkeit
mecht i in d'Goschn treten,
daß endlich amoe gspiat
was weh tuan kann.
Und Nebensächlichkeiten
mecht i reden,
du hörst ma zua
als ob sie wichtig warn.
I mecht mit dir
auf weißen Stränden tanzen
und horchen,
wie des Bluat in dir pulsiert,
und lauter klane schwarze Rosen
mecht i pflanzen,
ane für jeden Tag an dem die gfriat.

I mecht dir
Sonnenuntergänge schenken
so rot daß dir die Augen übergehn
und dann mit dir
in aner Nacht versinken,
in der ma alles gspian und nix verstehn.

ICH HASSE DEINE LIEBE

Ich spüre deinen Atem, deine Hände
und obersatte Wärme macht sich breit
ohnmächtig starre ich an jene Wände
die bleiche Fesseln meiner Freiheit sind

Es bäumt sich etwas auf in mir
verzweifelt ängstlich
scheu und viel zu schwach
und hält mich wach

Ich weiß nicht ob es recht ist
was ich fühle
doch deine Güte ist erbarmungslos
sie zwingt in mein Verlangen
schwere Kühle
dabei wäre sie gerne stark und groß

Es bäumt sich etwas auf in mir...

Ja ich hasse deine Liebe
sie erstickt und macht sich breit
sie vergiftet meine Triebe
und erpreßt mir Dankbarkeit

Du forderst nichts von mir
doch nimmst dir alles
verpackt in demutsvolle Grausamkeit
an meinen Träumen
klebt schon etwas Fahles
und deine Küsse schenken Einsamkeit

Es bäumt sich etwas auf in mir…

Ja ich hasse deine Liebe
sie erstickt und macht sich breit
sie vergiftet meine Triebe
und erpreßt mir Dankbarkeit
ja ich hasse deine Liebe
jedes Wort und jeden Blick
verzeih ich hasse deine Liebe
denn sie bricht mir das Genick

DEINE MUTTER

Jetzt hast halt endlich
auf dei Mutter ghört
dabei hats ma doch immer scho erklärt
daß i nur a Zigeuner bin
und daß i net des Lebn kenn
a Schlucker der nix is und der nix kann
sei gscheit
und fang mit so an gar nix an

I war für sie doch nur a Dorn im Aug
weu i des was i denk ganz afoch sag
weu i mi net benehmen kann
weu meine Tram verboten san
und überhaupt
als Mensch ka Guater bin
du hast des sehr bald eingesehn.

Es macht ja nix
es war halt a Versehn mit uns
I kann des ja verstehn
daß ma so klane Fehler macht
dei Mutter hat nurs Beste für di wolln
i hätt da d'Sunn vom Himmel gstohl'n
und da an Tag gmacht aus da Nacht

Dann is er kumman sauber und adrett
mit rote Rosen und hat Bledsinn gredt
zur Mama war er so charmant
und außerdem sei Kontostand
mit einem Wort
ein netter junger Mann
wie man ihn sich nur wünschen kann
daß nur a Mensch so bled sein kann

Die Mama die hat gstrahlt
vor lauter Freud
sie war so stolz und alle Leut ham gsagt
was für a schenes Paar
und alles war so leiwand und so schen
nur ans des hat ma übersehn
daß er a murdstrumm Oaschloch war

Dazö ma bitte net du hast di girrt
und hast vielleicht bei mir
was anders gspiat
nur weu dei Himmel offenbar
halt leider net der siebente war
fühlst du di hilflos nackert und betrogn
wias weitergeht
wird da dei Mutter sagn
mi geht des leider alles nix mehr an

LASS DI FALLN

Laß di falln i fang di auf
in meine Augn da bist daham
a warmer Regn
der alles verwascht was wichtig war
kummt über di
und reißt di aus an bösen Tram
so kannst mi habn

Nimm da mei Kraft di ghört jetzt dir
soweit i kann mecht i di tragn
und du sollst gspian
wia si da Tod vorm Lebn fiacht
kumm mach di auf
dann kann i da dei Angst daschlagn
so kannst mi ham

Doch lahnst mi an
dann wird da Himmel stinkert werdn
und dick und schwarz
kummt über mi die lange Nacht
das macht ma nix

weu in da Nacht
da bin i z'Haus
Nur irgendwas in uns zerbricht
was Scherben macht
Dann fliag i hin
dann hauts mi wieder amoe um
und i zerbresl wia a Glasl an der Wand
doch i steh sicher wieder auf
i pick mi sicher wieder zsamm
nur wirds halt kälter
und i brauch a dicker's Gwand.

Kumm laß di falln
i fang di scho auf
in meine Augn da bist daham
a warmer Regn
der alles verwascht was wichtig war
kummt über di
und reißt mi aus an bösen Tram
so könnt mas ham

LIEBESLIED

I mecht dir ganz afach amoe
dankschen sagn
für des Lachn und des Wanen
deiner Augn
und dafür daß du oft mei Courage
vom Boden aufghobn hast
wo i's oft voller Zurn higschmissn hab

I mecht dir ganz afach amoe
dankschen sagn
daß d'ma gholfen hast
mi selber zu ertragn
wann i wieder amoe ganz am End
von meiner Weisheit war
du hast immer gwußt wias weitergeht

I mecht da danken für die Stunden
die du gwart hast scho auf mi
wenn i bsoff'n in der Nacht
hamkummen bin
und dafür daß i da Schönste,
Beste immer für di war
obwohl i waß
daß i furchtbar deppert bin

I mecht dir ganz afach amoe
dankschen sagn
weu i waß für mi da brauchst
an guatn Magn
ja und ans no:
I waß des hättst solln
öfter von mir hörn
i steh auf di und hab di gern

WIEN

Langsam tropft von den Häusern die
Vergangenheit und greise Frauen
versuchen, sie mit bloßen Händen
aufzufangen, weil sie in der Gegenwart
nicht leben können.

In feucht-grauen Hinterhöfen, wo sich
Küchendunst mit dem Geruch von
Schweiß und gekochter Wäsche
vermischt und sich das Tageslicht nur
ängstlich über die Mauern tastet, findet
die Einsamkeit im Alter einen
Verbündeten.

Die Kinder teilen ihre Spielplätze mit
fettgefressenen Hunden und basteln
Träume aus Glas und Beton.
Sie haben es nicht leicht in einer
Stadt, die der Tod zur Residenz erwählt
hat, doch sie haben gelernt, mit ihm zu
leben und ihn zu lieben.

Im Frühling, wenn jene Bäume blühen,
die man noch nicht daran hindern
konnte, und sich ein süßer Duft in die
Straßen zwängt, die Mädchen immer
bunter werden aus Angst, übersehen zu
werden, fallen kleine Japaner mit
Teleobjektiven über uns her.
Unermüdlich versuchen sie damit tief
in uns hineinzustoßen, um unser Herz
zu sehen, das aus jenem kostbaren
Metall bestehen soll.
Enttäuscht ziehen sie sich in ihre
vollklimatisierten Busse zurück, wenn
sie bemerken, daß das weiche Gold
gegen billiges hartes Messing ausge-
tauscht wurde.

Wer weiß schon, daß man diese Stadt
lieben muß, um sie zu verstehen.

I brauch di wia a Mutter,
    die im Sterben liegt,
der man a jede Grausamkeit verzeiht.
I brauch di wia a Hand, die di dawischt
    bevors di einedraht,
    und dich immer wieder aufezaht.
Iglaub, daß ma auf deiner Erden net
    nur sterben kann,
i häng an dir a so wia an aner Infusion.

„ZWISCHEN EINS UND VIER"
(ALBUM, 1982)

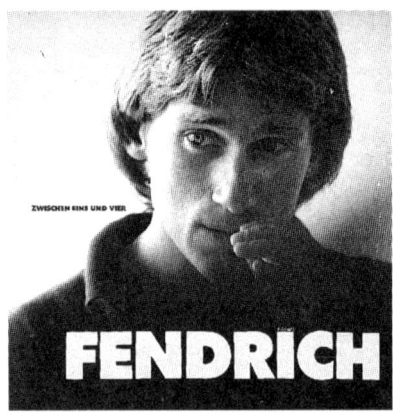

Hat dir die Nacht…

Das graue Licht is no so weit
es trennt uns fast a Ewigkeit
vor der Vernunft die nüchtern macht
a jede Wärme di ma gspian
si laßt uns wachsen, laßt uns blian
bis der verdammte Zwang erwacht

Hat dir di Nacht…

IRGENDWANN

Irgendwann da weans die dawischen
irgendwann da kriagns die scho dran
irgendwann wennst net damit rechnst
irgendwann da gebns da in Hahn

Wennst amoe ganz afach net aufpaßt
wennst amoe des sagst wasd da denkst
wennst amoe da nimmermehr mittuast
wiast scho sehn wiast di dahängst

Weu du hast nur a Recht zum Lebn
wennst was bist und wennst was hast
und wennst des tuast
was di andern vo dir wolln

Die besten Plätze san vergebn
du sitzt nur am kürzern Ast
du hättst halt
dei freche Goschn haltn solln

Irgendwann da geht da die Luft aus
irgendwann da kannst nimmamehr
irgendwann
wennst nimmermehr aufstehst
glaub ma des da habns as net schwer

Irgendamoe gibst scho auf
denn die Obermacht is groß
und des Gift des di verspritzen
macht di miad
und du schaust zum Himmel rauf
und erwartst da irgendwas
währenddessen
lernens da wia ma pariert

ZWISCHEN EINS UND VIER

Die Luft ist voll mit Lärm und Rauch
des is die Mischung die i brauch
in meiner Hand a Achtl Wein
es wird heut net des letzte sein

Es riacht so stickig und vertraut
und die Musik is vü zu laut
i steh allanich in an Eck
da Krampf im Bauch geht langsam weg

Hat dir die Nacht
ihr siaßes Gift erst injiziert
gspiast wia so vüles
schnö an Wichtigkeit verliert
a echtes Gfühl
bricht wia Wunden auf in dir
zwischen ans und vier

A Bsoffener steht neben mir
und unterhalt si mit sein Bier
weu was er sagt kan interessiert
und eam a jeder ignoriert

Es is die Zeit wo kaner liagt
weu si die Wahrheit außawiagt
wenn dir da Wein des Hirn zersetzt
wird jede Larvn schnö zerfetzt
du haust as weg und zeigst a Gsicht
wia mas bei Tag bestimmt net sicht

Irgendwann du wirst es net kneißen
irgendwann da frißt eanan Schmäh
irgendwann es is zum Scheißen
irgendwann da bist so wie de

FEINE DAMEN

Sie überfallen jeden Tag Konditoreien,
und ihnen
ist jedes Diätrezept vertraut.
Sie klagen ständig
über ihre Innereien
und daß sie alles tun für ihre zarte
Haut.

Sie können Nachmittage
bei Friseuren sitzen,
sie machen jede graue Strähne
wieder wett,
am Dekolleté verträumte
kleine weiße Spitzen,
das wirkt sogar bei reifen Frauen
noch sehr kokett.

Was wär wenn wir
die feinen Damen nicht mehr hätten,
wo wär der Glanz
auf all den Bällen und Banketten,
denn das Gefühl
für Etikette und für Stil,
das hat man heute nirgends mehr
und darum kämpfen sie dafür,
denn diese Welt ist so vulgär.

Sie beugen sich sehr gerne
aus Theaterlogen,
an ihren Hälsen baumelt es
millionenschwer
denn sie behängen sich
mit Ringen, Ketten, Broschen,

der bezahlt geht meistens
ängstlich hinterher.

In den Gesprächen
lieben sie es akademisch,
sie sind belesen und gebildet allesamt,
doch böse Zungen kichern leise
aber hämisch,
denn promoviert haben sie erst
am Standesamt.

Was wär wenn wir…

Sie würden niemals
ihren Ehemann betrügen,
die große Liebe
liegt gebündelt in der Schweiz,
sie sind verrückt nach ihm
und seinen Bankauszügen,
der Mann um Siebzig
hat noch immer seinen Reiz.

Doch manchmal hat
sogar die Keuschheit ihre Grenzen,
und sie versuchen
einen kleinen Seitensprung,
dann angeln sie
mit sportlichen Mercedes Benzen
sich einen Mann,
der nicht vermögend, aber jung.

Was wär wenn wir…

ES LEBE DER SPORT

Mutterseelen allanich sitzt er da bis in
da Frua und schaut beim Boxn zua
weu wenn si zwa in die Goschn haun
stärkt des sei unterdrücktes
Selbstvertraun

die Gsichter san verschwolln
und bluadich rot
genußvoll beißt er in sei Schnitzelbrot
und geht dann endlich ana in die Knia
greift er zufrieden zu sein' Bier.

Es lebe der Sport
er ist gesund und macht uns hart
er gibt uns Kraft er gibt uns Schwung
er is beliebt bei Alt und Jung
Wird ein Schiedsrichter verdroschen
haun's eam ordentlich in die Goschen
gibt's a Massenschlägerei
er is immer live dabei
weu mit sein Color-TV
sicht er alles ganz genau

Weltcupabfahrtsläufe machen eam a
bisserl müd
weu er is abgebrüht
wenn eam dabei irgendwas erregt
dann nur
wenn's einen ordentlich zerlegt
ein Sturz bei hundertzwanzig kmh
entlockt ihm ein erfreutes Hopperla
und liegt ein Körper
regungslos im Schnee
schmeckt erst so richtig der Kaffee

Es lebe der Sport…

Wenn einer bei der Zwischenzeit
sich zwanglos von an Schi befreit
und es ihn in die Landschaft steckt
daß jeder seine Ohrn anlegt
wenn er es überleben tut
dann wird er nachher interviewt

Es wirkt a jede Sportart
mit der Zeit a bisserl öd
wenn es an Härte föt
Autorennen sind da sehr gefragt
weil hie und da sich einer überschlagt
gespannt mit einem Doppler sitzt man da
und hofft auf einen geilen Busera
weil durch einen spektakulären Crash
wird ein Grand Prix erst richtig resch

Es lebe der Sport…

Explodieren die Boliden
ist das Publikum zufrieden
weil ein flammendes Inferno
schaut man immerwieder gern o
Heiterkeit auf der Tribüne
das ist halt am Sport das Schöne

Es lebe der Sport.

HEIMATLIED

Wo auf steile Bergeshöhen
einsam Gondelbahnen zieh'n
kann man schon von Ferne sehen
wie Millionen Schlange stehn
und die Sennen hört man jodeln
von den Almen froh und hell
sie sind längst nicht mehr die Dodeln
jeder hat sein Schihotel

Irgendwann will auch der Bauer
nichts mehr sehn vom Schweinedreck
und ist er ein ganz ein Schlauer
baut er eine Discothek.
Wo vor kurzem noch vergnüglich
Säue wälzten sich im Mist
unterhält sich jetzt vorzüglich
jeder zahlende Tourist

Jodler

Selbst den Knechten in den Ställen
wird es irgendwann zu blöd
warum sollen sie sich quälen
wo es doch viel leichter geht
denn als Schilaufpädagogen
hat sie einfach mit der Zeit
weitaus stärker angezogen
die geformte Weiblichkeit

Jodler

Wo die Pistenraupen tanken
wo die Schneekanonen sprühn
wo die kranken Tannen wanken
riecht's nach Diesel und Benzin

(LP-Version:)
Wer den Winter will genießen
darf in keiner Weise spar'n
wenn nicht blaue Scheine fließen
kriegt man einen großen Schmarrn.

Nur ein echter Sportlergeist
sagt sich ich fahr Kneissel Schi
auch wenn ich wie viele meist
schrecklich in der Scheissel knie

(Single-Version:)
Wo einst Gams und Murmel pfiffen
wo man einsam war und frei
hat man ziemlich rasch begriffen
fehlt ein Liegestuhlverleih
Und seit vielen langen Wintern
schleppt man gern zum gleichen Preis
jeden noch so fetten Hintern
bis hinauf zum ew'gen Eis

Wo die Pistenraupen tanken
wo die Schneekanonen sprühn
wo die kranken Tannen wanken
ja dort gibt's ein Wiederseh'n.

SONNTAG NACHMITTAG

Sonntag Nachmittag um viertel drei
jetzt ist die Besuchszeit bald vorbei
er hat sein schönsten Anzug an
und geht so grad wie er no kann
zum Fenster und wart wie scho so oft

An die Schwestern
hat er si scho gwohnt
sie behandeln eam wia a klanes Kind
er derf aufs Heusel net alla
und patzt er si beim Essn a
kriagt er nachher
net amoe sei Schaln Kaffee

Es ist eam klar daß des für eam
und alle andern besser is
a alter Mann
des is und bleibt a schwere Last
und jeder hat eam gsagt des Heim
des is für die des Paradies
weu du durt alles was du brauchst
ganz afach hast.

Er sicht des alles ein nur tät er gern
wieder amoe Kinderlachen hean
seine Enkerln aufn Schoß
a na die san ja scho zu groß
na ja er hats scho so lang nimmer gsehn

Sonntag Nachmittag dreiviertel drei
jetzt is die Besuchszeit glei vorbei
er waß daß er nur hoffen kann
sie werden doch net vergessen habn
auf die halbe Stund
am Sonntag Nachmittag

Die Tür geht auf
die Schwester schaut eam an
und sicht die Augen
von an alten Mann
für dens jetzt nix mehr gibt
denn er hat nur noch gelebt
für a halbe Stund
am Sonntag Nachmittag

DIE ERDE

In ihren Flüssen rinnen Tränen
auf ihren Feldern klebt das Blut
jene die nichts mehr sagen können
reden zu hören täte gut

Die großen Schlachten sind geschlagen
es fehlt nur noch der große Knall
sie hat schon viel zu viel ertragen
das lange Warten wird zur Qual

Macht euch die Erde untertan
es sollte sein doch irgendwann
hat etwas die Vernunft verdrängt
der Leben gibt und Sterblichkeit
er hat es sicher schon bereut
daß er uns seine Macht geschenkt

Sie ist so müd und schwach geworden
und ihre Wälder werden grau
sie weiß ihr Ende zu erwarten
wie eine kranke alte Frau

Wir haben alles ihr genommen
und damit unser Recht zu sein
wir haben nichts als Haß gewonnen
jetzt sind wir ängstlich und allein
Macht euch die Erde untertan…

Wenn es zum Ende kommen muß
wer gibt ihr ihren Gnadenschuß

A WINZIG KLANER TROPFEN ZEIT

Wir soll'n was gemeinsam hab'n
mit irg'nd an fremden Gott
der zornig und gerecht alles bestimmt
es is der Geist tiaf in uns drin
vü stärker als der Tod
der uns die Schwäche
und die Nacktheit nimmt

Wir hab'n alles in der Hand
des G'fühl is wunderbar
und glaub'n uns
unwahrscheinlich wesentlich
doch jeder Blick nach oben
macht uns immer wieder klar
als Herrscher
samma ziemlich lächerlich

In aner Nacht unsagbar groß
schwebt irgendwo bedeutungslos
a winzig klaner Tropfen Zeit
verdampft in der Unendlichkeit
a Funken Leben der verlischt
und die Vergänglichkeit verwischt
was scheinbar groß und mächtig war
was kommt danach was war davor

A Felsen der des Meer zerreißt
in seiner ganzen Kraft
in an scho endlos lang
dauernden Streit
i greif eam ängstlich an
und gspia auf amoe unverhofft
an ganz an klanen Hauch von Ewigkeit

Da Wind reißt ma den Atem weg als
hätt' i nix zum sag'n
und miassast afach
schweigend resignier'n
i schrei so laut i kann
weu kampflos gib i mi net gschlag'n
und merk i bin verurteilt zum Verliern

ES HAT SIE KEINER GEFRAGT

Mächtige Herren regieren das Land
reden von Frieden
und träumen von Sieg
Kinder die niemals Liebe gekannt
ziehen gehorsam für sie in den Krieg

Ihre Gesänge sind Hymnen vom Tod
ihre Gebete Parolengeschrei
blind wie die Faust
die besinnungslos droht
ist ihre Wut wenn sie siedet wie Blei

Wer kennt das Ziel
für das es lohnt
sie zu verschwenden
und abzuschlachten
als wären sie
wehrloses Vieh
wer hat das Recht
es hat sie keiner gefragt

Mütter zerbrechen
an Tränen und Schmerz
Väter sie schweigen
nur grausam und dumm
Elend und Ängste
zerfressen das Herz
wo liegt der Sinn es weiß keiner warum

Wer kennt das Ziel…

Mächtige Herren regieren das Land
sie sind zerfressen von maßloser Gier
Kinder die niemals Liebe gekannt
müssen wie Fackeln verbrennen dafür

Wer kennt das Ziel…

„OBEN OHNE"
(SINGLE, 1982)

Die Hitze der Stadt ist
im Sommer brut
da man fürchterlich matt ist
wird das Leben zur Qual

Darum strömen die Blassen
zu den städtischen Kasse
weil die Frische, die hat
man nur in einem Bad
Leider Gottes die Sitten
sind vollkommen entglitten
jeder geht wie man sagt
schon beinah' splitternackt
Sogar Damen befreiten
ihre obere Weiten
und die Sonne verseng,
was man nicht mehr verhängt
Am Familienbecken
sitzt ein älterer Herr
er zuckt auf seiner Decken
ganz nervös hin und her
Seine Blicke sind statisch
und der Pulsschlag fanatisch
er hat was entdeckt
was ihn ziemlich erregt
Ja es ist dieses Wippen
an den weiblichen Rippen
das er ständig fixiert
weil es ihn fasziniert
Plötzlich macht es an Kracher
es ist sein Herzschrittmacher
leider endgültig hin
Schuid daran ist nur sie
oben ohne
oben ohne

Wenn sie sie so entblößen
ohne jede Moral
in verschiedenen Größen
ist das fast ein Skandal
Schaut man in Liegestühle
hüpft die weibliche Fülle
einem förmlich ins G'sicht
das gehört sich doch nicht
„Ja man muß sich entrüsten
wenn sie sich so erbrüsten
in der schönen Lobau
schreit a reifere Frau
die durch die Zellulitis
leider nicht mehr so fit is'
denn der Grund warum s' schreit
ist nur der blanke Neid
oben ohne
oben ohne

Ein sehr sportlicher Langer
ölt sich vorsichtig ein
es paßt in seinen Tanga
beinah' nicht mehr hinein
Er bemüht sich beim Schmieren
Mädchen zu imponieren,
doch bei so einer Hitz'
nimmt man keine Notiz
Da gibt er sich an Stösser
und zieht einfach den Gösser-
muskel vorsichtig ein
und geht flockig vorbei
Da erwachen Gefühle
er braucht dringend a Kühle
duschen kann er net geh'
mit sein' neuen Toupet
oben ohne
oben ohne

„AUF UND DAVON"
(ALBUM, 1983)

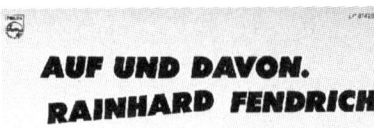

AUF UND DAVON

I halt die Leut net aus
die nur die Pappn offn habn
und umanandfäul'n
und wenns dann haglich wird
auf amoe ruhig san
und si stü und hamlich abseil'n
die nur haße Luft dazön
und sagn
daß unwahrscheinlich engagiert san
doch dabei nur an si söba
und sonst
an nix andern interessiert san

I halt die Leut net aus
die wia de Wanzn di sekkiern
und mit dir mitlebn
und wenns da amoe dreckig geht
die Freund san
die dan allerersten Tritt gebn
die so falsch san daß vor lauter
Freundlichkeit im Gsicht scho fast an
Krampf ham
und die da nur dann
die Wahrheit einedrucken können
wenns an Dampf ham

Auf und davon
und versteck di irgendwo
wo di kana findn ka
doch es föt da die Kraft
drum bist immer no da

I halt die Leut net aus
für die des wichtigste im Lebn
da Intellekt is
die eiskalt oes zertretn
weu des Gfüh in eana
jämmerlich versteckt is
denen ma am liabstn
in de Pappn steigert
weu ma's nimmer hean ka
die si für unfehlbar halt'n
und so stark werden
wenn ma si net wehrn ka
Auf und davon...

ES TUAT SO WEH WENN MA VERLIERT

Du sagst daß i di nie verstanden hab
und nur mir söba wichtig war
du sagst i war verschlossen wia a Grab
verletzend kalt und unnahbar
wie oft du gwant hast in der Nacht
und i hab meistens drüba glacht
weu i net gmerkt hab wias da geht
du warst fast wia a Teil vo mia
jetzt stehst auf amoe in da Tia
und wia i aufwach is zu spät

Es tuat so weh wenn ma verliert
wenn an die Kraft zerrissen wird
ma sicht an jedn Fehler ei
doch leida is scho oes vorbei

Du warst ganz afach immer neben mir
im Schatten meiner Eitelkeit
und i hab vü zu wenig gredt mit dir
stumm durch die Selbstverständlichkeit
i hab ni gsegn wia sche du bist
i hab di nie im Lebn vermißt
wenn immer i di braucht hab
warst du da

du wüst jetzt endlich wichtig sein
es gibt a nix mehr zu verzeihn
weu redn kann i jetzt mit mir alla

Es tut so weh wenn ma verliert...

I gabat waß Gott was dafia
warst du heut Nacht no neben mia
und i gspirat dein Atem auf der Haut
da Stolz macht unbeschreiblich blind
da Hochmut hat sein Fall verdient
doch in mir schreits nach dir
so furchtbar laut

Es tuat so weh wenn ma verliert...

SEKT UND KAVIAR

Du liegst auf Seide
und gehst im Nerz
du tragst Geschmeide
und hast ka Herz
Es gibt kan Playboy
der di net kennt
und wia a Schneeboe
vor dir zerrinnt
Du bist die Frau die fasziniert
die nie den Überblick verliert

Du lachst auf Ibiza
in jede Kamera
und an der Côte d'Azur
da redt ma nur vo dir
du kreuzt am Mittelmeer
mit jedem Millionär
du lebst von Sekt und Kaviar
und deine gstopften Habera

Die Frauen reden
die Männer schaun
du kennst an jeden
ganz im Vertraun
Du bist a Mädel
jung und modern
hat wer a Knedel
dann hast eam gern
des Spü geht immer wieder so
er brat di ei
du nimmst eam o

Du lachst auf Ibiza
in jede Kamera
und an der Côte d'Azur
da redt ma nur vo dir
du kreuzt am Mittelmeer
mit jedem Millionär
du lebst von Sekt und Kaviar
und deine gstopften Habera

Es fahrt a jeda auf di a
a wenn er sich's net leisten ka
die Fraun san außer Rand und Band
du wirst beschenkt sie kriagn die Hand

Du lachst auf Ibiza...

LÜGEN, DIE NACH WAHRHEIT SCHMECKEN

Hochverdiente Diplomaten
Intellekt im Nadelstreif
ruhmbedeckt durch große Taten
hartgeschult und führungsreif

Schwarzpolierte Limousinen
kugelsicher streng bewacht
Festbankette Staatstribünen
händeschüttelnd wird gelacht

Lügen, die nach Wahrheit schmecken
niemand wittert den Gestank

Ausgebrannte Machtruinen
schwer verwundet durch die Zeit
auserseh'n der Welt zu dienen
und verdammt zur Einsamkeit

Lügen, die nach Wahrheit schmecken
niemand wittert den Gestank

Gott erhalte Gott beschütze
unsre starken alten Herrn
Ihre Weisheit unsre Stütze
wir vertrauen ihnen gern

Lügen, die nach Wahrheit schmecken
niemand wittert den Gestank

ICH BIN EIN NEGERANT, MADAM

Hat man mit großen Summen
sich etwas übernummen
is nix mehr auf'n Konto dann
nehmen's da des Gwand o
wenn ma ans Göd gwohnt is
und noch dazu verwöhnt is
tuat des weh

Sie zweifeln weu sie keck san
dir deine letzten Schecks an
i wolltert was veruntreun
und mi dann hamlich aseun
doch auch die Firmenkassa
steht lang scho unter Wassa oh je!

Ich bin ein Negerant, Madam
einst war ich Fabrikant, Madam
dann hab i mi verplant, Madam
und jetzt bin i am Sand

Sie müssen mir verzeih'n, Madam
Sie sitzen so allein, Madam
ich lade Sie gern ein, Madam
zu einem Glaserl Wein

Net amoi ohne mein Ferrari war i pari

Da Brüller von mein Handerl
der glitzert jetzt im Pfanderl
den Rest von die Juwelen
den werns ma demnächst stehlen
auch unter andern spüt se
mit'n Urlaub in der Südsee nix mehr o

I trenn mi von mein Reitpferd
weit unter seinem Zeitwert
auch meine beiden Yachten
die miaßert i verpachten

sie könnten a versinken
bei einer kleinen Linken
irgendwo

Ich bin ein Negerant, Madam
einst war ich Fabrikant, Madam
dann hab i mi verplant, Madam
und jetzt bin i am Sand

Sie sind so imposant, Madam
heut war i was imstand, Madam
da Schmuck in ihrer Hand, Madam
der raubt ma den Verstand

Net amoi ohne mein Ferrari wari pari

In meiner Luxusvilla
wird es allmählich stilla
die Fenster san verriegelt
die Türn werdn versiegelt
und auf mein schönen Grundstück
steht Baba
des Mobiliar g'hört der CA

Ich bin ein Negerant, Madam
einst war ich Fabrikant, Madam
dann hab i mi verplant, Madam
und jetzt bin i am Sand

Ich war ein großes Tier, Madam
jetzt bin ich leider stier, Madam
Sie tat'n ma an Gfalln, Madam
wenn's heute für mi zahln

DER LETZTE TAG

Und da Himmel er verfärbt si giftig
sonderbar
es riacht so nach Abschied
und nach Tod
Wolkn
wia aus Blut und Eisen
wias am Anfang war
net a Vogel traut si in des Rot

Zwischen ana Gegenwart
und ana Ewigkeit
liegt doch meistens nur a Atemzug
nur a klana Schritt für uns
doch unendlich weit

er bringt uns zum Licht
und nimma zruck

Heut heut is soweit
heut macht die Zeit
ihrn letzten Tag
glei glei is vorbei
endlich hoin die Henker aus
zum letzten Schlag

Es gibt kan Reichtum und ka Elend
kan Hunger und kan Überfluß
ka Macht kan Neid kan Haß ka Demut
es gibt ka Hoffnung jetzt is Schluß

Engel aus Metall und Feuer
brechen jedes Lebn
Grausam so ist die Gerechtigkeit
und die Menschen stengan willenlos
und gottergeben
aufrecht Hand in Hand und san bereit

Große Kinderaugen
sie schaun auffe in die Nacht
furchtlos weu die Angst is längst dahin
sehn des Feuer kämpfen
gegn a unsichtbare Macht
und habn ihren Vätern längst verziehn

Heut heut is soweit
heut macht die Zeit
ihrn letzten Tag
glei glei is vorbei
endlich hoin die Henker aus
zum letzten Schlag

Es gibt kan Reichtum und ka Elend
kan Hunger und kan Überfluß
ka Macht kan Neid kan Haß ka Demut
es gibt ka Hoffnung jetzt is Schluß

DER KLEINE MANN
VON DER STRASSE

Der kleine Mann von der Straße
ist zufrieden
wenn man ihn in Ruhe läßt
nur er kann fernsehen
ohne daß im etwas nahegeht

Der kleine Mann von der Straße
ist gefährlich
dann, wenn er sich kriegen läßt
von den Parolen
die er dauernd hört und nicht versteht

Der kleine Mann von der Straße
will von alledem nichts wissen
und er begnügt sich wieder
mit dem Glauben
er wird der Erste sein
der wieder daran glauben muß

SORGLOS UND BLIND

Rosarot malen's da Bilder
doch in Wahrheit
sans nur Gefahrenschilder
niemand gspiat wias allmählich
finsta wiad

Kana braucht die Wahrhaftigkeit
an jeden schmeckt die Verlogenheit
auf amoe waßt nimma
was mit dir passiert

Nur die Flucht aus der Behaglichkeit
reißt di weg
von deiner Selbstzufriedenheit
du muaßt kämpfen geg'n die Sattheit
weu's da sunst
wia Honig in die Augen rinnt
und di sorglos macht und blind

Kla und schwach wolln's di habn
und dei Selbstvertrauen
langsam untergraben
nach und nach
lassn's dein Verstand erfriern

Nimmer lang und du gehst zu denen
di ala si net wehren können
und dann hast willenlos
zu funktionieren

Doch wenn irgendwann die Zuversicht
an dein Hirn
wenns dann no zweifeln kann zerbricht
dann muaßt kämpfen gegn die Sattheit
weu's da sonst

wia Honig in die Augen rinnt
und di sorglos macht und blind

Wennst da net dein Stolz zertretn laßt
weus des Letzte is
was'd zum Vergebn hast
dann muaßt kämpfen
gegn die Sattheit
weu's da sonst
wia Honig in die Augen rinnt
und di sorglos macht und blind

SCHLAFENGEH'N

I schau zua wias draußn hell wird
es is viertl, halb drei
i sitz do scho'd ganze Nacht lang
und mir fallt und fallt nix ei
dabei solltat i a Lied schreibn
weu sie wart'n alle drauf
doch es kummt nix
weu mei Herz geht heut net auf
es bleibt regungslos in mir
weu i nix mehr gspia

Jetzt geht sicher bald die Sunn auf
i steh auf vo mein Klavier
i hab net amoi an Ton gspüt
und ka Wort steht am Papier
wenn ma jetzt no a Idee kummt
kann des nur a Zufall sei
weu mei Hirn is überdraht
und krampft sie ei
es bleibt regungslos in mir
weu i nix mehr gspia

I soll in die Hitparade
aber i wü jetzt ins Bett
warum quäl i mi
wenn überhaupt nix geht
wenn die Lust amoi zum Zwang wird
föt an bald die Fantasie
es is Tag word'n
und i leg mein Bleistift hin
doch die Sunn scheint vü zu sche
und i vergiß wieder amoi
aufs Schlafengeh'n

ALTE HELDEN

A klana Bua dazöt er mecht amoe
genauso wia sei Vatta wean
er tramt von ana Uniform
und Marschmusik
die heat a hoit so gean
in ana klanen Schachtel findt a Fotos
ganz vergilbt und voller Staub
glei neben dem Kamin
hängt an da Wand
a Ritterkreuz mit Eichenlaub

Da Vatta glänzt voll Stolz
und er dazöt daß alles anders gwesen is
a Kriag is ka Verbrechen
weu es san halt
manche Menschen feig und mies
was euch heut fehlt
is strenge Disziplin
und starke Männer die euch fian
dann schaut a ume zum Kamin
und mant es miaßert
irgendwas passiern

Da Bua wird grö␣a mit da Zeit
und unaufhaltsam arbeits in sein Hirn
sei Vatta war amoe a Höd
und er soltats halt wenigstens probiern
es gibt ja kane Männer mehr
die kämpfen können für ihr Vaterland
er wü sei armes Volk
vom Schmutz befrein
mit schwarze Kettn in da Hand

Er bleibt net lang alanich
seine Freund
die denkn ganz genau wie er
für Heimatland und reines Bluat
fallns wia verruckt
über die Tschuschen her

Jetzt hat a Kettn an die Händ
sein Vatta den verfluacht a tausendmal
und von die alten Hödn
wü a nix mehr wissen
ein für allemal

WEUS'D A HERZ HAST
WIE A BERGWERK

Weu du stolz bist wenn du wanst
und di trotzdem zuwelahnst
wü i di
Weu ma warm wird wenn du lachst
und an Herbst zum Summa machst
wü i di

Weu a bissl Glück
für di no lang net reicht
weus'd bei mir bleibst
wenn da beste Freund si schleicht

Weus'd a Herz hast wia a Bergwerk
weus'd a Wahnsinn bist fia mi
steh i auf di
Weu i mit dir alt werdn kann
weu ma ewig Kinder san
brauch i di

Weus'd des Brennen in mia fühst
und mi nie besitzn wüst
brauch i di
Weus'd den Grund
warums'd bei mia bist
nimma waßt
weus'd an mia afach
an Narren gfressn hast

Weu i nur bei dia daham bin
weus'd a Wahnsinn bist fia mi
steh i auf di

Weu a bißl Glück
fia di no lang net reicht
weus'd bei mia bleibst
wenn da beste Freund si schleicht

Weus'd a Herz hast wia a Bergwerk
weus'd a Wahnsinn bist fia mi
steh i auf di

„EROBICT, SIEROBICT"
(SINGLE, 1983)

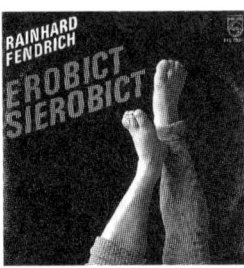

Beiß z'samm die Zähnt
and clap your hand
du bist ja überhaupt nichts g'wehnt
Now stamp your feet
and turn around
hörst Oida du bist fest am Sand.
Kein Wunder daß'd am Ende bist,
das kommt davon, weil'st zuviel frißt.
Vernichtet g'hört der Winterspeck.
Come on and dance your Wamp'n weg.

Erobict, sie robict, du robicst jetzt a
erobict, sie robict, du robicst jetzt a
erobict, sie robict, du robicst jetzt a

Du wirst amal ka Luft kriegen und
dann in einer Gruft liegen.

Erobict, sie robict, du robicst jetzt a
erobict, sie robict, du robicst jetzt a
erobict, sie robict, du robicst jetzt a

Now bend your legs,
and nachher strecks,
das Raucherbein ist unterwegs.
Up and down and left and right,
paß auf wie sich dei Pump'n g'freit.

Jetzt reiß di z'samm and work it out
bis da des Beischl außahaut.

Erobict, sie robict, du robicst jetzt a
erobict, sie robict, du robicst jetzt a
erobict, sie robict, du robicst jetzt a

Willst du for jede Kniebeug'n an Has'n
habm zum Vorbeug'n?

Erobict, sie robict, du robicst jetzt a
erobict, sie robict, du robicst jetzt a
erobict, sie robict, du robicst jetzt a

Willst du nicht ewig blad bleiben, dann
pfeif auf deine Bandscheiben

Erobict, sie robict, du robicst jetzt a
erobict, sie robict, du robicst jetzt a
erobict, sie robict, du robicst jetzt a

„S'NASERL / FETT WIE EIN RADIERER"
(SINGLE, 1984)

MEI NASERL IST SO ROT
WEIL ICH SO BLAU BIN

Wenn ich wo hinkomm
schaun mich alle an
ich frag mich selber was is an mir dran
ein Blick in' Spiegel bringt mich gleich
darauf
mir scheint mir scheint
ich fall a bißerl auf

Mei Naserl is so rot weil ich so blau bin
i trink halt
für mei Leben gern den Wein
und wann ich auch vielleicht
schon etwas grau bin
der Wein der laßt mich
jung und fröhlich sein

Und nimmt an meinem Naserl
jemand Anstoß (na geh)
dann lad ich ihn gleich
auf ein Flascherl ein (hehe)
und wenn ich mit dem Glaserl
mit ihm anstoß
dann trinkt auch er wie ich
so gern den Wein

Wenn ich glückselig wandere
nach Haus
dann weichen mir gleich alle Autos aus
ich sehe einfach nur den Grund darin
ich glaub die glaub'n daß ich
ein Stoplicht bin

Mei Naserl is so rot weil ich so blau bin…

HEIT BIN ICH WIEDER FETT
WIE EIN RADIERER

Wann ich auf'd Nacht beim Wein sitz
mich systematisch einspritz
dann ist das zwar nicht g'sund
doch ich habe meinen Grund

Mei Frau is schiach zum Fiachtn
i packs net bei da Liachtn
doch komm i angstrat zhaus
macht mir des gar nix aus

Dann bin i furchtbar liab zu ihr
und sing schon in der Eingangstür

Heut bin i wieder fett wie ein Radierer
du brauchst di net verstecken
trau di fira
Komm her und laß di anschaun
meiner Seel
du kommst mir direkt schön vor
in mein' Öl
du wirst mit jedem Viertel
immer schöner
zwei Viertel noch
und du bist Miß Vienna
i sauf mi täglich an in ana Tour
des is dei allerbeste Schönheitskur

Dann kum i mit an Fetzn zhaus und
sing schon laut im Stiegenhaus

Heut bin i wieder fett
wie ein Radierer…

Hallo

151

„WIEN BEI NACHT"
(ALBUM, 1985)

Haben Sie Wien schon
bei Nacht geseh'n
haben Sie das schon erlebt
man sieht zwar nicht
ob die Bäume blühn
welche besonders beliebt

Achten Sie nicht auf das Riesenrad
so etwas lenkt Sie nur ab
wie es sich oft schon bewiesen hat
wird Ihre Zeit viel zu knapp

Diese Stadt ist ein Schrei
sie ist high und modern
alle lieben den Duft
alle haben sie gern

HABEN SIE WIEN SCHON BEI NACHT GESEH'N

Haben Sie Wien schon
bei Nacht geseh'n
haben Sie das schon erlebt
man sieht zwar nicht
ob die Bäume blüh'n
welche besonders beliebt

Hoffen Sie nicht auf den Walzerklang
oder auf Herzen aus Gold
man hat sich davon schon gottseidank
einigermaßen erholt

Untertags ist sie schön fotogen
wie man weiß
in der Nacht wird sie heiß
und verschlingt jedes Eis

Gut Sie war'n in Übersee
in New York und L A.
in Rio de Janeiro
wurden Sie auch nicht froh
Sie kennen Tel Aviv
besonders intensiv
Sie träumen von Paris von Moskau
träumt man ohnedies
doch…

Gut Sie war'n in Übersee
in New York und L.A.
in Rio de Janeiro
wurden Sie auch nicht froh
Sie lieben Mexiko
wie Rom und Tokio
Sie machten in Peru
oft tagelang kein Auge zu
doch…

Haben Sie Wien schon
bei Nacht geseh'n
haben Sie das schon erlebt
man sieht zwar nicht
ob die Bäume blühn
welche noch immer beliebt
fragen Sie nicht
nach dem Stephansdom
wann und warum er gebaut
Suchen Sie nicht
nach dem Donaustrom
den hat man sicher verstaut

Diese Stadt wird nie satt
sie verlangt einfach mehr
alle zieht es dahin
alle mögen sie sehr

Gut Sie war'n in Übersee
in New York und L.A.

in Rio de Janeiro
wurden Sie auch nicht froh
Sie fuhren durch die Welt
sogar nach Fürstenfeld
Sie haben Bern bereist
was aber noch gar nichts heißt
denn…

Haben Sie Wien schon
bei Nacht geseh'n . . .

VÜ SCHÖNER IS DES G'FÜHL

Wenn so der Schweiß
in meine Aug'n rinnt
und mi des Salz quält bis i wan
wenn a Partie so
hinter mir steht, dann weiß i
daß i flieg'n kann

I weiß was Neid und Erfolg is
nd i hab g'lernt zu überleb'n
Und so des G'fühl,
wenn ma da ob'n steht
des kann an manchmal alles geb'n

Aber vü, vü schöner is des G'fühl
wenn i a Lied g'spia in mir
vü, vü wärmer als die Sonn
mi wärmen kann
is ma dann

Und wenn i nach der Hack'n
heimkomm
dann leg i mi ganz stü zu dir
i kriech' zu dir unter die Deck'n
und du umarmst mi weil i g'fria

Wenn meine Aug'n
dann langsam zufall'n
und i mei ganzes Leben tram
denk i ma immer, wenn i aufwach
wie schön is' eigentlich daham

Aber vü, vü schöner is des G'fühl
wenn i a Lied g'spia in mir
vüa, vü wärmer als die Sonn
mi wärmen kann
is ma dann

I hab a Haus, i hab an Gart'n
und auf mein Auto is a Stern
und wenn mi no so viele hass'n
i hab des alles furchtbar gern

Aber vü, vü schöner is des G'fühl
wenn i a Lied g'spia in mir
vüa, vü wärmer als die Sonn
mi wärmen kann
is ma dann

IMMER WEITER

Du reißt di z'samm'
wannst daham
jeden Tag in da Fruah
und a wannst no so am Ende bist
eisern und stua
aus'n Bett kreust
a wann da langsam
vor dir selber graust
wannst da im Bad
so in die Aug'n schaust
und di bald nimmer
auf die Straß'n traust
du reißt di z'samm jedes Mal
wann da schwindlich wird
a wann da Schweiß immer öfter
am Buckl friert
du spielst' di drüber
weil du um jed'n Preis
nach oben willst
obwohl du kraftlos und erledigt bist
und immer wieder die Tablett'n frißt

Du übertauchst a jede Müdigkeit
und haltst di grad
net nur aus Eitelkeit
du mußt es bringen
a wennst di vor
die best'n Freund' verstellst
und in dei totes G'sicht
a Lach'n quälst
damitst no immer zu die Guat'n zählst

Doch es geht weiter, weiter
immer weiter
wenn man nachlaßt hat ma leider
überhaupt ka Chance zum Überleb'n

153

Wer net wach is'
wer zu schwach is'
scheitert, weil das Ziel so hoch is'
es geht weiter bis ma nimmer kann
und was kommt dann?

A wann zu dir einer sagt:
hörst Alter du schaust aus
gehst einfach weiter
weil's ja keiner wirklich ehrlich meint
und net einer si die Aug'n ausweint
wanns di irgend einmal zuwelahnt
und dann liegst wach in dein Bett
fast a jede Nacht
weil dei Herz wieder sticht
oft scho hast da dacht
es is vorüber
und es liegt auf deiner Brust a Sta
den da kana obenehman kann
und auf amol fangst zum Bet'n an

Doch es geht weiter. . .

MANCHMAL DENK I NO AN DI

Vielleicht geht's dir heut leiwand
vielleicht bist allein
i denk mir oft, wo könntest jetzt sein
die Zeit heilt alle Wunden
ob groß oder klein
doch manchmal da reiß'n
die ältesten ein
da war a so a Glanz in deine Aug'n
da war das Salz auf deiner Haut
und dann mei G'fühl
so zwisch'n Angst und Euphorie

Manchmal denk i no an di
Manchmal denk i no an di

Du wolltest gern a Frau sein
i war no ka Mann
was lernt man schon aus
Playboy und Ouick
du hast mi einfach g'nommen
wie's a Mutter nur kann
i weiß no wia i g'want hab vor Glück
die Nacht war schwarz
und wia a Tag so warm

i hab mi g'furcht'n wie a Kind
dann war mir so
als kommt der Himmel über mi

Manchmal denk i no an di
Manchmal denk i no an di

Und wie ma g'wart' hab'n,
daß die Sonn aufgeht
war i so stolz in deine Arm
dann hab i g'sagt
du bleibst die einzige für mi

Manchmal denk i no an di
Manchmal denk i no an di

WASDWASWA
WANNIDATSCHEAWA?

I lieg im Bett und will mei Ruah hab'n
i arbeit manchmal wirklich schwer
egal was wir a immer vorhab'n
dazwisch'n liegt a Bonbonniere
I tät dei G'sicht einmal so gern sehn
und net a flimmerndes Profil
doch heut is da Tsche A im Fernsehn
da kann i mach'n was i will
du bist begeistert und besess'n
kann an des wirklich interessier'n?
A so a Fernkurs im Erpress'n
und im perfekten Intrigier'n
Du kaufst ma Stiefeln und an Stetson
und haltsts ma vor, i bin a Weh
du führst di auf weg'n so an Blödsinn
des is ja wirklich nimmer schön

Wasdwaswawannidatscheawa?
Wasdwaswawasdwaswawasdwaswa?
Wann i so im Öl vom Tsche A war
war i do schon lang nimma da!

Du redst nur mehr von da Pamela
du willst des G'wand und die Frisur
mein Portemonnaie
wird immer schmäler
doch leider nicht deine Figur
du willst an Butler und a Ranch hab'n
und an geheizt'n Swimmingpool

du sagst des kann heut
jeder Mensch hab'n, nur i net,
weil i bin a Null.
I sag dir:

Wasdwaswawann . . .
Horch zu jetzt:
Wasdwaswawann . . .
Mit dir gebat i mir gar net ab!

A JEDER IS' ZUM HAB'N

Sag net, daß bei dir nie was einegeht,
weil du a Mensch bist, der sehr treu is'
a jeder gute Vorsatz wird an z'blöd
um halber fünfe in der Fruah
sag net es steht sie net im Leben dafür
wenn ma a Mensch is, der sehr grad is
da Teuf'l ist die ganze Zeit in dir
und gibt ka Ruah, und gibt ka Ruah

Sag net, du könntest nie
wen denunzieren
wenn er dir irgendwie im Weg steht
des G'sicht kann ma heut
jederzeit verlier'n
a jeder hat scho zwei davon
Weil wo gibt's denn no
a Unschuidslamm
a jeder is' zum hab'n

Sag net, daß ma di niemals
kaufen kann
nur weil di bisher niemand woll'n hat
viel schneller als du glaubst
sans an dir dran
und setzen dir die Spritzen an
sag net, bei dir wird keiner
des probieren
weil du an Preis hast, der zu hoch is' sag
net, di kann des alles net berühr'n
des nimmt dir keiner heut mehr a
weil wo, gibt's denn no
a Unschuidslamm,
a jeder is' zum hab'n

FRÜHLING IN BERLIN

Soldaten stehen treu
der Himmel sinkt wie Blei
und eine Fahne weht
der Wind hat sich gedreht
darf man hinüberschaun
und dem Gerede traun
von einer schönen Welt
hinter dem Minenfeld

Ein kleiner Blick vielleicht
solang ein Atem reicht
auf einen großen Stern
man sieht ihn nicht sehr gern
vor einem Stacheldraht
ist Zweifel schon Verrat
nur einen kleinen Blick
und wieder schnell zurück

Und am Abend ist
über der Stadt dieser Schein
viel zu grell, unerreichbar und schön
und man sieht irgendwo
eine Fahne im Westwind weh'n

Frühling in Berlin

Es klingt so wunderbar
ist nichts von allem wahr
kann dieser helle Schein
denn eine Heimat sein?
fühlt man sich wirklich satt
wenn man von allem hat
ist es beneidenswert
hat wer vom Glück gehört?
Vor einem Stacheldraht
ist Sehnsucht schon Verrat
nur einen kleinen Blick
und wieder schnell zurück
und am Abend ist
über der Stadt dieser Schein

ES IS' SCHO ALL'S VORBEI

Die Nacht ist jung
und i brauch a Veränderung
es liegt was in der Luft
sie is net z'haus
so billig komm i nimmer aus'

Auf, auf, die Szene ruft
es könntert sein
i brat mir heut an Has'n ein
des bring i locker z'samm'
a guater Schmäh
a bißl was im Portemonnaie
heut bin i leicht zum hab'n

Der ane sitzt am Herd
der andere in da Gluat
der ane hat's im Hirn
der andere hat's im Bluat

Geh red' dir doch nix ei'
es is schon all's vorbei
dir fehlt doch schon die Kraft
für jede Leidenschaft
bleib lieber z'haus und treu
weil es is all's vorbei

I hab an Drang
der quält mi jetzt schon wochenlang
es muaß heut was passiern
tagaus tagein
schlaf i daham beim Fernsehn ein
i muaß mi aktiviern
i glaub i press
mi gleich auf etwas Jüngeres
des is' heut net a so
man red't net viel
und sagt ganz einfach was man will
und bleibt inkognito

Der ane sitzt am Herd
der andere in da Gluat
der ane hat's im Hirn
der andere hat's im Bluat

Geh red' dir doch nix ei'…

WART' BIS HAMLICH WIRD UND STÜ

Wart' bis hamlich wird und stü
und kaner mehr was wü,
weil'st nix mehr
zum Verschenken hast
Wart' bis jeder langsam geht
und trotzdem keiner fehlt

weil'st niemand mehr
zum Reden brauchst

Wart' bis jeder Glanz verblaßt
die Kraft dei Hand verlaßt
erst dann gedeiht in dir vielleicht
Zufriedenheit

Wart' bis di ka Neugier quält
und nur die Wahrheit zählt
die man allanich finden muß
des Blut wird müd und schwach
die Aug'n werd'n hell und wach
und seh'n viel weiter als vorher
wer kann dir no was dazähl'n
oder den Weg verstell'n
du kannst dei Ziel nimmer verfehl'n

Wart', am End' darfst du vielleicht
solang dei Zeit noch reicht
a no a kleines bisserl glücklich sein

RATTENFÄNGER

Es war einmal vor langer Zeit
man könnt' fast sagen
vor einer Ewigkeit
ein kleiner Mann, ein Musikant
er war bekannt im ganzen Land
für die Macht und die Magie
seiner Flötenmelodie

Doch die Leut' dumm wie die Nacht
war'n bald neidisch auf die Macht
hab'n ihn g'jagt und g'schrien dabei
das kann doch nur der Teufel sein
der Teufel sein

Seid's ängstlich und paßts auf
paßts auf die Kinder auf
es gibt noch so viel Rattenfänger
sie stengan ob'n im Licht
und zahn mit jedem Ton
die Kinder euch davon

Solang noch Kinder leb'n
wird's immer G'schichten geb'n
über so manchen Rattenfänger
sie hab'n ihr' ganze Macht

ihr' Kraft und ihr' Magie
durch Eure Fantasie

Doch seid's ängstlich und paßts auf
paßts auf die Kinder auf
es lauern immer Rattenfänger
auf einmal rennen's los
und alle hinterher
wie Lemminge ins Meer

ALLE ZEIT DER WELT

Wir habn uns alle sehr guat g'halten
und glauben wir san no ganz die Alten
a jedes weiße Haar, sagt ma
des is net wahr

Da war die Unbefangenheit
a Sommertag a Ewigkeit
mei ganzer Kopf war voll
mit lauter Rock 'n' Roll

Doch die Zeit treibt jeden weiter-
manchmal rennts da a davon

‚Du mußt jetzt bald erwachsen werd'n'
kann i heut no mei Mutter hör'n
mei Mutter is jetzt stolz auf mi
wer's g'schafft hat, hat die Sympathie

und so schon langsam g'spiat ma
daß nichts mehr passiert

Wird des Glück amoe Routine
is des Beste schon vorbei
des kann's doch no net g'wesen sein

I mecht lach'n i mecht wana
i brauch Stana auf mein Weg
des kanns doch no net
des kanns doch no net g'wesen sein

So viele Fehler für jeden zahl' i
für jeden zahl' i gern mein Preis
doch ich brauch' alle Zeit der Welt

I mecht lach'n i mecht wana
i brauch Stana auf mein Weg
des kanns doch no net
des kanns doch no net g'wesen sein

So viele Fehler, für jeden zahl i
für jeden zahl i gern mein Preis
doch ich brauch alle Zeit der Welt

„KEIN SCHÖNER LAND"
(ALBUM, 1986)

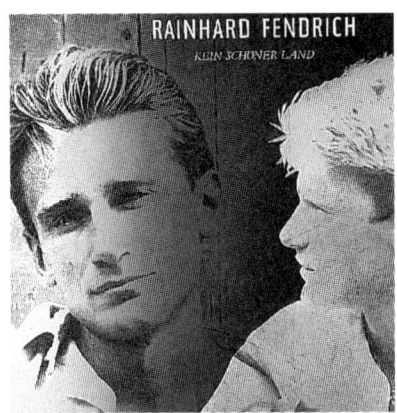

TRÄNEN TROCKNEN SCHNELL

Am Anfang war so viel Begeisterung
die höchsten Flammen
sind schon g'löscht
der Kopf wird alt,
die Phantasie bleibt jung
wie leicht man der Vernunft entwischt

Trotzdem kannst als Antwort geb'n:
,Du stehst mit jedem Fuß im Leb'n!'
wenn dich dein G'wissen einmal fragt
wenn's dir ka Ruh gibt
wenn's dich plagt

Du fragst dich
obs'd nicht übertrieben hast
die Antwort weiß dein Spiegelbild
und obs'd nicht
viel zuwenig geben hast
wies'd öfter g'wonnen hast als g'spielt

Du hoffst, du fehlst an dieser Stell'
wenn's einmal z'eng wird deiner Seel'
die Wahrheit hört man net so gern:

Es wird ka Wolk'n
und ka Stern
vom Himmel fall'n
und es wird nicht einmal
a Stein vom andern roll'n

Es löscht die Zeit
mit ihrer Selbstverstandlichkeit
dich langsam weg aus jedem Herz
und trägt dich heimwärts

Tränen trocknen schnell
die Sonn' brennt heiß
und scheint noch ganz genauso hell
Erinnerung ist nur
a Reif'nspur im Sand
der Wind weht's zu
oft viel zu früh
du hast es nicht mehr in der Hand

Vielleicht liegst einmal
in an Himmelbett
vielleicht am Bahnhof ganz allein
vielleicht hast
auf dein' Grab a Blumenbeet
vielleicht hast nicht einmal an Stein

Du hoffst du fehlst an dera Stell'
wenn's einmal z'eng wird meiner Seel'
die Wahrheit hört man net so gern:

Es wird ka Wolk'n
und ka Stern
vom Himmel fall'n
und es wird nicht einmal a Stein vom
andern roll'n

Es löscht die Zeit
mit ihrer Selbstverstandlichkeit
dich langsam weg aus in jedem Herz
und trägt dich heimwärts

Tränen trocknen schnell
die Sonn' brennt heiß
und scheint noch ganz genauso hell
Erinnerung ist nur
a Reif'nspur im Sand
der Wind weht's zu
oft viel zu früh
du hast es nicht mehr in der Hand

KEIN SCHÖNER LAND

Irgendwas frißt an deiner Seele
irgendwas läßt dich nicht in Ruh
irgendwas irgendwas
drückt dir deine Kehle
einfach zu

Ein Gefühl als ob du langsam blutest
ein Gefühl als hättest du geweint
ein Gefühl als hättest du
die Sehnsucht aller Zeit
iln dir vereint

Keine Fragen mehr
weil die Antwort eine Qual ist
keine Klagen mehr
weil schon lange alles ganz egal ist

Kein schöner Land in dieser Zeit
und keine Heimat weit und breit
kein schöner Land in dieser Zeit
und keine Heimat
keine Heimat, keine Heimat
nicht einmal ein Zuhaus

Irgendwas kann da
nicht mehr stimmen
irgendwas ist da falsch gerannt
irgend jemand irgend jemand
hat dir deine Freiheit aberkannt

Es zeigt mehr oft
nur von Unbekümmertheit
wenn man mehr hofft
als die nächsten
hundert Atemzüge weit

Kein schöner Land in dieser Zeit
und keine Heimat weit und breit
kein schöner Land in dieser Zeit
und keine Heimat
keine Heimat, keine Heimat
nicht einmal ein Zuhaus

NANCY

Bei jedem Titelbild
pulsiert mein Blut wie wild
und meine Hände zittern
tasten sie sanft nach dir
auf dem Papier
denn wo ich geh und steh
kann wer vom CIA
unser Verhältnis wittern
was dann passiert mit mir
das wissen wir

Doch ich muß unbedingt zu dir
aber es läßt mich keiner fort von hier

Wenn du noch ledig wärst
und keine Lady First
ich würde um dich freien
doch das ist nur von einem Traum
der Schaum
es scheint mir dir gefällt
dieser Revolverheld
ich finde ihn zum Speien
er hält schon lange nicht
was dir sein Arzt verspricht

Ich bin verzweifelt
wie ein Stier in der Arena
ich bin verrückt nach dir
wie tausend Italiener
ich kaue Nägel
wenn der Flegel dich berührt
und nur ein Kabel,
das von dir zu mir ins Zimmer führt

Doch ich muß unbedingt zu dir
aber es läßt mich keiner fort von hier

Bei jedem Staatsbesuch
kommt mir ein Schweißausbruch
seh ich dich aus der Nähe
es zieht mich hin zu deinem Dekolleté
du lachst wie eine Fee
aus einem Märchenbuch
und er wie eine Krähe
ich glaub zum Weinen
kommt ihr beide nie

Ich bin verzweifelt
wie ein Stier in der Arena
ich bin verrückt nach dir
wie tausend Italiener
du bist der Grund der in der Nacht
mich munter macht
doch nicht ein Lächeln
findet für mich Platz
auf deinem Zahnersatz

Doch ich muß unbedingt zu dir
aber es läßt mich keiner fort von hier

Ich bin verzweifelt
wie ein Stier in der Arena
ich bin verrückt nach dir
wie tausend Italiener
es wird ihm nicht mehr
viel an seinen Kriegen liegen
sollte ich dich einmal des Nachts
im Liegen kriegen

Ich bin verzweifelt
wie ein Stier in der Arena…

HEIDENANGST

Die Bilder sind kläglich
das Elend ist echt
die Wahrheit beweglich
und jeder im Recht
der Krieg spricht sich heilig
der Himmel bleibt still
der Tod hat es eilig
ob Allah das will?
Und was mein Herz zu Boden tritt
und was mein Kopf
nicht mehr versteht

Sind Kinder aus Eisen
und Reden aus Blech
der Starrsinn von Greisen
zu unserem Pech

Und was man nicht im Traum vergißt
und was mich kaum noch atmen läßt

Ist diese Angst
ist diese Heidenangst

ist diese Heidenangst
vor dem was heilig ist
ist diese Angst
ich habe Angst
ich habe Heidenangst
ich habe Heidenangst
und weiß mir kein Gebet
ich habe Angst die nicht vergeht

Wohin soll ich rennen
wohin und wie weit
wie kann man entrinnen
dem Fluch einer Zeit
das Klagen wird lauter
der Himmel bleibt still
die Hölle vertrauter
ob Allah das will?

Und was man nicht im Traum vergißt
und was mich kaum noch atmen läßt

Ist diese Angst . . .

TANTE HILDE

Dein Blick ist heut so seltsam seidig
und so geschmeidig
jeder Schritt von dir
ich bin dir fast dein Lachen neidig
das kommt doch sicher nicht
von ungefähr
du stehst nur da und schaust mich an
als wärst noch überhaupt nicht da

Wie geht's denn deiner Tante Hilde
das muß a ganz besonders Wilde sein
die alte Frau führt was im Schilde
die z'rauft dir d' Haar
und reißt dir's Kleidl ein
aber ihr Jausn is a Pracht
die dauert fast bis Mitternacht

Du hast am Hals zwei blaue Flecken
in dera Wohnung
muß viel Ecken geb'n
seit wann tust du dir Wimpern picken
muß net deine Tant
am weißen Stecken leb'n?
I seh dir's an, du bist schon müd
a so a Jaus'n strapaziert

nur wenn's dich ausziagst,
schreck di net
es liegt mein Onkel in dein' Bett

VOGELFREI

Gestern ist's wie tausend Jahr her
gestern war all's halb so schwer

gestern hab ich noch ein Zorn' g'habt
dauernd liegst mir damit in den Ohr'n
auch nicht du wirst das begreifen
samt dein' überreifen Hirn
auf uns liegt ein Riesenschatten
nicht einmal die Ratt'n rennen mehr

Vorbei ist
vorbei ist vorbei
wie's einmal war kann's nie mehr sein
vorbei ist
vorbei ist vorbei
wir sind verkauft und vogelfrei

Auch wenn's dir noch so oft
die Luft absperr'n
beklag' dich nicht
es wird dich keiner hör'n
bald wirst du mit ruhigem G'wiss'n
alles schon vergess'n hab'n
keine Chance gegen die Gewohnheit
laß mich anglahnt mit der Weinerei
es muß so sein

Vorbei ist
vorbei ist vorbei
wie's einmal war kann's nie mehr sein
vorbei ist
vorbei ist vorbei
wir sind verkauft und vogelfrei

An meiner Schulter findst
kein Platz zum Weinen
dein Selbstmitleid
riecht stark nach Heuchelei

Vorbei ist vorbei ...

MALIBU

Schwer, schwer wird mir mei Koffer
schwer wird mir mei G'müt
mein Gott bin i müd'
achtzehn Stund' Delay
doch das kenn' ma eh
das Essen samt die Stewardessen
war so la la la
gleich ist's vorbei
weil nach der Glastür, da kommst du
da fallt mir ein
i hab noch was vergessen
am Strand von Malibu

Jö
sogar die Tante Hilde
sie hol'n mich alle ab
i freu mich ja a so
wie schnell ein Tag vergeht
vor ein paar Stunden
hab i in der Sonn no
an Bacardi kippt
mit Seven Up
die Zeit wird knapp
weil nach der Glastür
stehst schon du
da fällt mir ein
i hab no was vergessen
am Strand von Malibu

Aber natürlich hab i nur
an dich gedacht
ich hab dir auch was mitgebracht
es ist in ein'
von meine Koffer irgendwo
da fällt mir ein
des hab i jetzt vergessen
am Strand von Malibu

EISERN WIE A EHRENWORT

I bin oft wie a Schatt'n
der schon mit'm letzten Sonnenstrahl
der Nacht entgegenrennt.
I bin oft wie a Mott'n
die sich scho zum x-ten Mal
an einer Lampen 's Hirn verbrennt.
I bin oft wie a Narr und will's a sein.
Was ist dabei?

Wir sind so grundverschieden
wie die Erd'n und der Bam.
Und hängen ganz genauso z'samm,
so z'samm.
Der Bam kämpft eifersüchtig
um sein Licht.
Die Erd'n tragt sein ganzes G'wicht
und immer wieder treibt er neu.
Was ist dabei?

Nur wie
geht's dir
wenn i mein' Kopf verlier
als hätt' i g'nug davon
wann i dich anschrei
daß i halt net anders kann
wann i mich heimschleich
in der Nacht
und a schon überhaupt nix
hat mich weiterbracht
komm i zu dir.

Wie g'fallt's dir denn a so,
wie g'fallt's dir denn a so bei mir?

I bin oft wie a Brettl
auf an Wasser
des auf einmal nimmer weiterrinnt.
I bin oft wie a Zettl
auf den irgendwer einmal
was G'scheites aufschreib'n könnt'.
I bin oft wie im Traum
und will's a sein.
Was ist dabei?

I weiß genau
wenn i dich anschau
wie man dich nur anschau'n kann
daß du mich ang'lahnt lasserst
wenn i anders wär

wann i mich heimschleich
in der Nacht
und a schon überhaupt nix
hat mich weiterbracht
weiß i bei dir steht's sich's daf ür.

Wie g'fallt's dir denn a so,
wie g'fallt's dir denn a so bei mir?

Du hast mir manchen Umweg
schon erspart,
du hältst mich eisern, eisern
wie a Ehrenwort.

ALLES, WAS DU WILLST

Alles was er redet hat Gewicht
alles was er meint verstehst du nicht
alles was er will ist schon geplant
alles was dich hält ist dein Verstand

Seine Liebe, die ist immer gleich
ist dein Kerker
ist dein Himmelreich

Alles was du hast verdankst du ihm
alles was dich quält ist halb so schlimm
alles was du denkst ist schon gedacht
alles was du weinst hört nur die Nacht

Du sollst schön sein und dich amüsier'n
und er küßt dich
zweimal täglich auf die Stirn

Alles was geschah hat er gelenkt
alles was man kaufen kann geschenkt
alles was er gibt ist Sicherheit
alles was du brauchst ist Zärtlichkeit

Er besitzt dich wie sein Eigentum
er will daß du auf ihn hörst
er haßt deinen Alkoholkonsum
weil du seinen guten Ruf zerstörst

Er hat immer recht wenn du dich irrst
ihm wird immer schlecht
wenn du dich wehrst
er muß immer lachen wenn du schreist
er weiß immer daß du ihm verzeihst

Er begreift nicht was du fühlst
er ist einfach alles
er ist einfach alles was du willst

Er ist immer stark und meint es gut
du bist immer schwach
und kommst in Wut
er ist gern geseh'n und sehr beliebt
dich erträgt man nur weil es ihn gibt

Er hat immer Zeit für dich
nur dann nicht wenn es wesentlich
du sagst oft es tut dir leid
aus Dankbarkeit
seine Liebe die ist immer gleich

ES IST EIN LACHEN AUF DER WELT

Es ist ein Lachen auf der Welt
was für ein Lachen
es ist ein Leben auf der Welt
was für ein Leben
und was uns so in Atem hält
ist dieses Lachen, das uns fehlt
es ist das einzige was zählt
es ist das einzige was zählt
es ist das einzige was zählt

Es ist ein Sehnen auf der Welt
was für ein Sehnen
es ist ein Verlangen auf der Welt
welches Verlangen
und was uns noch zusammen hält
ist dieses Lachen das uns fehlt
es ist das einzige was zählt
es ist das einzige was zählt
es ist das einzige was zählt

Es bricht das Eis
es bricht die Einsamkeit
es fängt dich einfach ein
und wer die Angst gab
vor der Sterblichkeit vor langer Zeit
von ihm muß dieses Lachen sein
von ihm muß dieses Lachen sein
von ihm muß dieses Lachen sein

WEIHNACHTEN DAHEIM

Es is a vü zu warmes Wetter
für die kalte Jahreszeit
außerdem regn't's ununterbrochen
daß ein' schon überhaupt nix g'freut
‚Es is a Glück' erzählt die Milchfrau
einer Hausbesorgerin
daß i schon heut in einer Woch'n
auf die Malediven bin'
weil der Gedanke kommt ihr
nimmermehr im Tram
Weihnachten daham

Es is a Tag wie aus der Dos'n
für die man nicht den Öffner find't
ein Taxler laßt mich über d' Straß'n
er weiß genau, es is Advent
die blade Gretl aus dem Fischg'schäft
lacht mich süß und bluadich an
und den Moment fahrt's
durch mein Hirn
daß sich da nix mehr ändern kann
wir kaufen alles, wir schenk'n gern
dann schau'n wir fern
und nur die Kinder warten heut no
auf an Stern

Leider ist halt schon wieder
Weihnachten vor der Tür
leider is halt der Weg
net kürzer word'n von dir zu mir
leider is bald scho wieder
Weihnachten überall
leider kann i den Heimweg
nimmer find'n in mein Stall

Wenn dann die Kerzen wieder brennen
und man sich feierlich erhebt
es is halt nimmermehr so schön
seitdem die Oma nimmer lebt
kommt dieses G'fühl auf einmal wieder
oft nur a Wunderkerz'n lang
er hat noch nicht auf mich vergess'n
er is noch kommen, Gott sei Dank
wir schau'n uns an
wir hab'n uns gern
dann schau'n ma fern
und nur die Kinder wart'n
heut no auf an Stern
Leider is halt …

„VOLLER MOND"
(ALBUM, 1987)

Und schon hat er'n in der Nasen
den Geruch scheut jeder Orang-Utan
Neugier kann die Angst verblasen
unwahrscheinlich zieht an so a Glut an

Einmal muß man eingreifen
nachher wird man g'scheiter sein
um sein Hals ein Eisenreifen
ziagt sich z'samm, da fallt ihm ein:

Gib acht! Gib acht!
Irgendwo hat wer a Feuer g'macht
wer des Feuer hat, der hat die Macht
über Tag und über Nacht

Wie sich schnell a Leben
verändern kann
überall sind lauter weiße Affen
er hat Gott sei Dank ein' Baum allein
die haben halt dafür ihren Käfig offen
außer ein paar Infusionen
kann er sich nicht sehr beschweren
nur nach Transplantationen
kann er noch sei Mutter hör'n:

Gib acht! Gib acht!
Irgendwo hat wer a Feuer g'macht
wer des Feuer hat der hat die Macht
über Tag und über Nacht

DAS FEUER

Irgendwo im dichten Regenwald
sitzt ein ganz kleiner Orang-Utan
leider nicht weil es ihm da so g'fallt
sondern weil ihn alle so bemuttern

Wann wird endlich was passieren?
immer nur die Affeng'sichter
von dem Umeinanderstieren
kommen keine Geisteslichter

Mutter Utan denkt schon ziemlich gut
und sagt ‚Kind,
du bist der Orang-Utan,
tu, was alle Orang-Utans tun
und denk dir nichts,
da tust du guat dran'

Doch des g'fallt net unserem Kleinen
Hirn heißt Unverwundbarkeit
eins und eins sind zwei Bananen
er hört nicht wie die Mutter schreit

Gib acht! Gib acht!
Irgendwo hat wer a Feuer g'macht
wer des Feuer hat der hat die Macht
über Tag und über Nacht

DAS GLEICHGEWICHT

Der Himmel wie Geschenkpapier
mit einer roten Maschen
ganz allan für dich
du willst einmal auf jeden Fall
von jeder Wahrheit naschen
einfach irgendwie
die erste Neugier
hat dir'n Magen verdorben
und deine Freund
san bald d'rauf g'storbn
a Rehbock auf der Autobahn
ist oft um vieles besser d'ran

Wenn man nimmer z'rück
und nimmer vorwärts kann
spürt man
wie man's Gleichgewicht verliert
mancher, der viel weiter
als a Adler sieht
hat sich schon verirrt

Du wehrst dich net, du sperrst dich net
du denkst auf einmal weiter
und du siehst was kommt
wer immer schaut was hab ich baut
der wird bestimmt nicht g'scheiter
weil man so verdummt

Und nur sein blanker Neid
reicht weiter als er denken kann
sein Mitleid grad bis vor die Tür
drum wehe dir wenn's einmal brennt
nicht einer
der für dich zum Wasser rennt.
wenn man nimmer z'rück
und nimmer vorwärts kann
spürt man
wie man's Gleichgewicht verliert
mancher, der viel weiter
als der Adler sieht
hat sich schon verirrt

DIE NACHT

Die Ähnlichkeit
ist nimmer so frappant
ich hatt' dich beinah nicht erkannt
wie's glitzert um dein' Hals
und am Gelenk
du sagst: Was soll's, nur ein Geschenk

Mit Nagellack und Lippenstift
zum Cadillac
für dich war das ein Katzensprung
dann die Ernüchterung
und mit der Zeit die Traurigkeit
man sieht dir's gar nicht an
weil nichts mehr zu dir zuwe kann

Jedes Glas das'd stehen laßt
trinkt man dir leer
a jede Chance, diesd' auslaßt
kriegt irgendwer

Die Nacht hat tausend Lichter
wo brennt des von dir
mein Glück hat tausend G'sichter
und wann i nicht irr
eins davon, nur eins davon, g'hört mir

Du hast mich überrollt in einer Nacht
weil Jugend unbesiegbar macht
und in dei'm Riesenherz
is mir passiert

Ich hab' mich s'erste Mal verirrt
du hast, wenn man bedenkt,
dich oft verkauft
doch leider Gottes
viel zu selten dich verschenkt

Fast nirgends bist du länger blieb'n
als Rosen in der Vasen leben
weil all's ist g'legen vor dir
i seh dich heute noch vor mir

Jedes Glas, das'd stehen laßt
trinkt man dir leer
a jede Chance, dies'd auslaßt
kriegt irgendwer

Die Nacht hat tausend Lichter
wo brennt des von dir
mein Glück hat tausend G'sichter
und wann i nicht irr
eins davon, nur eins davon, g'hört mir

DER REGEN

Pompeji, siebzigneun
Mitte August, es kann auch später sein
keiner den der Donner rührt
ein kleiner Hund an seiner Kette zerrt

Pompeji, siebzigneun
der Wind wird stiller
nur die Möwen schreien
Centurio aus Afrika
trinkt Wein mit irgendeiner Julia

Er küßt ihr Haar
die Zeit ist knapp
er nimmt sich einmal seinen Panzer ab
und meint:
„Ich muß gleich fort von hier,
doch irgendwann, das schwör ich dir…"

Da kam der Regen
da kam der Regen über sie.

Hiroshima
in einer Bar
tanzt Lu weil Papa Kamikaze war
für Yen und Alkoholika
mit jedem einen Cha Cha Cha

Lu war im Nu
bekannt und mehr
mit einem deutschen U-Boot Deserteur
der meint:
„Ich muß gleich fort von hier
doch irgendwann das schwör ich dir …"

Da kam der Regen
da kam der Regen über sie.

Keine Zeichen
keine Warnung
wer spricht von Barmherzigkeit
die vier Reiter reiten weiter
heute, morgen und in Ewigkeit

Dann kommt der Regen
dnn kommt der Regen über sie.

DER WIND

Mit fünfzehn ist die Zeit
wo's alle ehrlich meinen
Mit sechzehn hast dei' erste Schlägerei
Mit siebzehn weißt,
du wirst den Bogen überspannen
Mit achtzehn
sperrst dich in dein Zimmer ein

Der Vater redt kein Wort mit dir
die Mutter weint vor deiner Tür
a Schlingen um dein Herz
und alle zieh'n

Die Wärme, die Geborgenheit
bezahlt ma mit Beweglichkeit
du mußt dich endlich rühr'n!

Doch wirklich frei ist der Wind
weil er weht
und sich dreht
wie er will
frei ist man g'schwind
hat man nix zu verlier'n
außer seiner Seel'
aber frei sein heißt auch
was man leicht vergißt
daß der Starke 'n Schwachen frißt
jede Ros'n lacht dich an
bevor's dich sticht
weil man Dornen übersieht

Mit achtundzwanzig
ist man nimmer kurzentschlossen
man denkt an mehr
man denkt familiär
mit dreißig glaubt man dann
man könnte was verpassen
daheim bist sowieso nur irgendwer

Die Liebe kommt ganz still zu dir
wann's geht dann knallt's mit ana Tür
der Sommer geht oft
viel zu schnell vorbei
die Leidenschaft die Einigkeit
ergibt sich bei Gelegenheit
du mußt dich wieder g'spürn

Doch wirklich frei ist der Wind
weil er weht
und sich dreht
wie er will
frei ist man g'schwind
hat man nix zu verlier'n
außer seiner Seel'
aber frei sein heißt auch
was man leicht vergißt
daß der Starke 'n Schwachen frißt
jede Ros'n lacht dich an
bevor's dich sticht
weil man Dornen übersieht

VOLLER MOND

Dem alten Pfau
mißlingen schon die Räder
er hat so vieles verlernt
er ließ sich gehen
und manche stolze Feder
hat man ihm grausam entfernt

Kein Neid, kein Hunger
der ihn zwingt
nur hie und da noch ein Instinkt

Voller Mond
noch einmal voller Übermut
Übermut tut manchmal gut
voller Mond
man spürt wie sich der Brustkorb hebt
es ist fast so als ob man lebt

Es zieht ihn hin
wo immer seine Feinde sind
zuviel Licht macht Frauen blind
man küßt ihn zahm
und schüttelt seine Flügel lahm
weil Pfauen keiner was gönnt

Des Pfauen weite Schweifigkeit
verdammte ihn zur Minderheit

Voller Mond
und völlig ohne Zeitgefühl
innen so heiß außen so kühl
voller Mond
man spürt wie sich der Brustkorb hebt
es ist fast so als ob man lebt

Voller Mond
noch einmal voller Übermut
Übermut tut manchmal gut.
voller Mond
macht Köpfe klein und Herzen groß
uferlos, atemlos

GANZ VON ALLEIN

Schwer is a jeder Anfang
wer dir hilft ist dein Freund
scheu geht man jeder Wand lang
weil das sicherer scheint
doch wenn man pfeift und du tanzt
weil du nichts anderes kannst
bist schon g'storben

Brav machst dein ersten Diener
weil a Watschn tuat weh
weit soll man springen können
hebt dich wer in die Höh'
und manche treibende Kraft
war a Blutsbrüderschaft
in dein Leben

Aber ganz von allan
fangt in mir wer zum Singen an
und ich bin mir so nah
daß ich's niemand beschreiben kann
weil ich hör
weil ich g'spür
wie ein Mantra klingt in mir

Leicht g'winnt a jede Kart'n
mit'm Glück auf'n Schoß
Glück hast auf tausend Arten
ist die Gönnerschaft groß
und manchmal steht sich's dafür
hast an Kopf hinter dir
der an di denkt

Aber ganz von allan
fangt in mir wer zum Singen an
und ich bin mir so nah
daß ich's niemand beschreiben kann
weil ich hör
weil ich g'spür
wie ein Mantra klingt in mir

DER ERSTE STEIN

Tagsüber ist Herr Stahlbaum
sehr verschreckt und diplomatisch
tagsüber steht er scheu
in einer Bücherei
tagsüber findet jeder
sein Gesicht sympathisch
nur wenn es Nacht wird, hat er zwei

Er ist beseelt
von einem neuen Antipolizismus
in seiner Freizeit Hobbyanarchist
und summt:
ich schmeiße immer dort
den ersten Stein
wohin mehr Schmiß muß
ich bin der Geist, der stets vermummt

Da fliegt wie von allein
irgendwoher der erste Stein
und lacht hinterher
vielleicht unbewußt irgendwer
ist es er
Herr Stahlbaum, der Provokateur

Und schon brennen die Gemüter
und schon brennen Bretter
der Kanzler sieht es stumm
von seinem Fenster aus
und meint: ‚O Tannenbaum
wie grün sind deine Retter'
das Hohe Haus
spendiert einen Applaus

Da fliegt, wie von allein
irgendwoher der erste Stein
und lacht hinterher
vielleicht unbewußt irgendwer
ist es er
Herr Stahlbaum, der Provokateur

DIE TÜR

Zwei kleine Augen
sollten um die Zeit schon schlafen
zwei kleine Augen
schau'n weit offen in die Nacht

In der Küche ist noch Licht
und es hat sich ang'hört
als ob was zerbricht
auf der Erd' ist nur G'schirr
doch dann geht a Tür für immer zua
und es kommt wer, der erzählt dir
daß das überhaupt nichts war
doch irgendwie da kommt dir vor
daß die Watsch'n die du g'sehn hast
mehr als überdeutlich war

Es gibt Sachen die versteht man nicht
man ist noch viel zu klan
wenn man größer ist
versteht man's dann
umso weniga

Zwei kleine Ohren
hör'n oft mehr als manchen recht ist
zwei kleine Ohren
hör'n was schlecht ist mit Bedacht
laute Stimmen mit viel G'wicht
und es hat sich ang'hört
als ob was zerbricht
auf der Erd' ist nur G'schirr

Doch dann geht a Tür für immer zua
und es kommt wer der erzählt dir
daß das überhaupt nichts war
doch irgendwie, da kommt dir vor
daß die Watsch'n, die du g'sehn hast
mehr als überdeutlich war

Es gibt Sachen die versteht man nicht
man ist noch viel zu klan
wenn man größer ist
versteht man's dann
umso weniga

DAS PARADIES

I steh seit fünfzehn Jahr
fast jeden Tag
am Eingang einer Discothek
i kenn' fast alle Leut' und die i net kenn
schick' i meistens wieder weg
mich täuscht kein Schmäh
mich täuscht kein Auto vor der Tür
und ka Panier

168

Wie vor'm Himmelreich
bei mir sans' alle…

Namenlose G'sichter
drängen eine bei der Tür
i allanich bin da Richter
und es liegt in meiner Hand
wen i einelassn kann ins Paradies
und keiner hat noch g'spannt
daß nix dahinter is

I hör tagaus tagein die selben Scheiben
und die Champagnerkorken knall'n
i siach wie sich die Hasen parodieren
damit's in Jäger besser g'falln
i kenn den Grund
warum sich Porsche duellieren
schon zu genau
wia schnell's ihren Kopf verliern
weg'n irgend einer…

Namenlose G'sichter
drängen eine bei der Tür
i allanich bin der Richter
und es liegt in meiner Hand
wen i einelassn kann ins Paradies
und keiner hat noch g'spannt
daß nix dahinter is

DER ALPTRAUM

Es ist dunkel und warm
und die Stimmung enorm
man weiß Bescheid an der Tür
und flüstert:
,Vielleicht a kleines Separé
weg'n die Wahlen in spe
wir waren ja immer schon diskret
wenn es um, sch
wenn es um die Medien…'
Der Ober neigt sich herbei
Champagner!Gläser nur zwei
und ich hab' ihnen schon erklärt
daß niemand stört
ansonsten richten S' was her
a bißerl was von an Stör
und dann auf alle Fälle Eis
der Ober weiß:
,Untertags ist der Landtag

da fürchtet ihn jeder
aber nachts im Korsett
von Anette
da zergeht er'
No, er schmiegt sich an sie
leider sieht man net vü
auch ist es unwahrscheinlich heiß
wo bleibt das Eis
endlich wird sie rasant
er küßt wild ihre Hand
und schon klebt
aus lauter blindem Übermut
sein Nasenblut am Trachtenhut
da auf einmal
bei einer erotischen Wendung
da schreit einer von hinten:
,Wir sind gleich auf Sendung!'
und gleich drauf leucht' a rotes Licht auf

Herzlich willkommen, guten Abend
wir sind heute in der Hölle
der Präsident wie man ihn kennt
hat den Empfang verdient
es tuat uns fürchterlich leid
sie sind von nun an in der Hölle
auch wenn es Ihnen nicht paßt
ab heute sind Sie hier Gast
es ist all's nur ein Traum
's liegt am Wein, 's liegt am Schaum
i muß nur schauen, daß i jetz g'schwind
wieder verschwind'

Der Ober schlängelt sich her
und sagt: ,Bedaure sehr,
wir hatten nur im Saal
an kleinen Stromausfall
doch wir sind glei'
wieder live '.

Herzlich willkommen, guten Abend
wir sind heute in der Hölle
der Präsident allseits bekannt
ist unser Debütant
wir alle jubeln Ihnen zu
und gratulier'n aus voller Kehle
er ist das Tüpferl auf'm ,i'
in uns'rer herrlichen Partie

Es wird Licht, sein Gesicht
um Jahrzehnte betagter,
er wird wach auf an Wachzimmer

ganz als a Nackter
und eine Stimme sagt zu ihm:
‚Herzlich willkommen, guten Abend
wir waren Gott sei Dank zur Stelle
sie hatten einen Schlaganfall
in diesem Nachtlokal
doch keine Angst, Herr Präsident
es wird vertuscht auf alle Fälle
besonders jetzt unmittelbar

vor Ihrer Wiederwahl
es ist ja weiter nichts passiert
a schwaches Herz, zu viel Promille
damit sie wer nach Hause führt
hab'n wir die Gattin informiert
sie wartet draußen vor der Tür
und sagt, daß sie die Neugier quäle
sie haben ihr angeblich erzählt
heut' von an Staatsbankett '

„MACHO MACHO"
(Single 1988)

kein Wunder bei der Wespentaille
wird jede Klosterfrau nervös
Macho Machos bleiben in Mode
Macho Machos sterben net aus
Macho Machos nimmt man gerne
mit nach Haus
Macho Machos haben viel Neider
Machos haben viele Freund verloren
sie sind leider
um die „Hasenlänge" vorn

Er hat einen Hintern wie Apollo
in seinen Hüften schwingt Elan
hat einen Charme wie Rene Kollo
und einen Blick wie Dschingis Khan

Du bleibst dein Leben lang ein Dodel
hat ihn der Lehrer oft geneckt
heut ist er Unterhosen-Model
ein Macho und ein Lustobjekt

Macho Macho kannst net lernen
Macho Macho muß man sein
Macho Macho
sind fast immer vorn dabei
Macho Machos leben gefährlich
Macho Machos haben was los
man fühlt sich matt schon
ist der Andrang gar so groß

Die Mutter ruft ihn heut noch „Sepperl"
doch seine Freund sag'n „Miami"
er war zwar in der Schul ein Depperl
aber das stört die Damen nie

Schon wieder kommt eine Kanaille
und greift ihm lüstig ans Gesäß

Sie liebt Schimanskis Mörderhammer
und liegt oft wach im Schlafgemach
der Gatte im Flanellpyjama
vergreift sich nur am Tiefkühlfach

Sie träumt von Eros Ramazottel
und Julio Iglesias
doch neben ihr der zahme Trottel
sagt nur ‚Gib Ruh, jetzt les' ich was'

Nur Macho Machos haben die Härte
Macho Machos gehört die Welt
Macho Machos haben,
was anderen leider fehlt:
Macho Machos sind zwangsläufig
Machos haben häufig Streß
von der Klofrau bis hinauf zur Stewardeß

Willst du behaarte Männerbrust
Du nicht über den Brenner mußt
bei uns gibts Macho
die san glatt schon gut wie die
die Frau aus Industrie und Adel
verbeißt sich ins Tiroler Wadel
genauso gern wie in die Herrn
aus Rimini

„TANGO KORRUPTI"
(Single, 1988)

Man weiß es leider nicht genauer
es lag ein Bauherr
in einer Sommernacht auf einem
Parkplatz auf der Lauer und ein
Kuvert das hat er mitgebracht,
auf einmal sieht man auch zwei Lichter
es knirscht ein dunkelblauer Jaguar
darinnen kalkweiße Gesichter
nur der Chauffeur ist aus Nigeria
man reicht den Umschlag in den Wagen
die Herzen schlagen
der Handel ist perfekt
durch eine großzügige Spende
kriegt man am Ende
ein jedes Großprojekt
plötzlich lacht der Herr Minister
denn er kennt dieses Geknister
und er hat auf seinen Lippen eine
kleine Melodie

Tango korrupti
wenn einer draufkommt
und entpuppt di
nimmst du dir einfach einen Anwalt
der was kann halt
und bist schwuppti-
wupp davon
auch wenn die Steuerfahndung stöbert
es gibt nichts was den Blutdruck hebert
denn alles was wir hab'n das hamma
sowieso scho auf'd Bahamas

Es träumt der alte Polizeirat
seit seiner Heirat mit einem Topmodell
von Schuldenbergen, leeren Säcken
an allen Ecken
brennt sein Hut schon hell
da nähert sich ein Tätowierter
auf einmal spürt er
ein paar Tausender
von hinten in die Hose gleiten
nach allen Seiten
huscht sein Blick umher
es spricht der Mann in seinem Rücken
ab heute drücken
wir ein Auge zu
und wenn wir uns arrangieren
kann ich ihnen garantieren
gibt es noch viel mehr davon

Tango korrupti…

Es sprach ein fetter Wirtschaftsbonze:
„Schaun Sie des Ganze
mein lieber Staatsanwalt
war doch nur eine Bagatelle
so auf die Schnelle
a paar Millionen halt
ich habe Geld wie Würfelzucker
Sie bleib'n ein Schlucker
von Ihrem Staatsgehalt
Sie sollten sich einmal was leisten
so wie die meisten
vielleicht an Porsche bald.
dafür verschwinden ein paar Akten
auch die Fotos mit der Nackten
und dann singen wir gemeinsam
eine kleine Melodie…"

Tango korrupti…

171

„VON ZEIT ZU ZEIT"
(ALBUM, 1989)

Ich werd kein Doktor
kein Professor
das können andere viel besser
ich hätte kein Talent
als Bundespräsident
ich werde niemals ein Minister
kein Kandidat, kein vielgeküßter
ich werde Stromgitarre spiel'n
in einer Band

Der Vater runzelt seine Stirn
wie kann das Kind uns so blamier'n
wir investier'n
jetzt soll er auch studier'n

Man kommt nicht weit in diesem Staat
außer man hat ein Doktorat
und diese Flausen
laß' ma wieder sausen

DER GEBURTSTAG

Es war Geburtstag Nummer acht
ich hab mir nie sehr viel gemacht
aus feuchten Küssen
die wir küssen müssen

Die Torte strahlt im Kerzenlicht
ich blase fest und schaff es nicht
„Mein lieber Kleiner
Sänger wirst du keiner"

Euphorisch preßt mich Tante Frieda
beherzt an's überfüllte Mieder

Sie spricht zu mir mit vollem Mund:
„Die Hauptsach ist, man bleibt gesund
als Zuckerbäcker
hat man's immer lecker'

Die Oma wünscht sich gar so sehr
ihr Enkel wär
ein Ingenieur
der Opa hört schon schwer
und sagt:
„Jawohl der g'hört zum Militär"
Da fragt mich streng
mein Onkel Heini:
"Na sag, was willst denn werden
Raini?"

Ich blicke auf von meiner Torte
und melde mich verschämt zu Worte

Ich werd kein Doktor
kein Professor
das können andere viel besser
ich hätte kein Talent
als Bundespräsident
ich werd kein Generaldirektor
schon gar nicht Kriminalinspektor
ich werde Stromgitarre spiel'n
in einer Band

Ich werd kein Doktor
kein Professor
das können andere viel besser
ich hätte kein Talent
als Bundespräsident

mir wird nie fad im Aufsichtsrat
ich brauch kan staatlichen Beruf
ich hab die Groove

ES IST EIN ALPTRAUM
OHNE STAMMBAUM

Mancher sucht in seinem Ladel
irgendeine Spur von Adel
weil wenn man was war
denkt sich jeder
da muß man nichts werd'n

Es kennen beim Frisör die Muttis
fast jeden der von hohem Blut is
man kriegt immer gern
einen Titel in Bunte und Stern

Es ist ein Alptraum ohne Stammbaum
man fühlt sich wie der letzte Abschaum
es fehlt der Ton
die Tradition
es fehlt das „von"

In Nachtcafes wo schlechte Luft is
regier'n die Kapuzinergruftis
dort is man noch wer
und verbreitet sein Flair

„Hallo Poldi", ruft der Bumpfi
im Wetterfleck und grüne Strumpfi
„Wann sieht man denn di
wieder einmal zum Halali?"

Es ist ein Alptraum ohne Stammbaum
man fühlt sich wie der letzte Abschaum
es fehlt der Ton
die Tradition
es fehlt das „von"

Die einen Namen ham fahrn Schi mit
Gunther Sachs
am Hahnenkamm
und die die kanen ham
am Schneeberg und der Rax

Ein Ritter ohne Furcht und Mittel
der pfeift auf seinen Adelstitel
wer ihn finanziert
der wird auch adoptiert

Er kommt nicht einmal
mehr zur Suppe
weil stündlich eine Reisegruppe

durchs Schloß wird geführt
und ihn überall fotografiert

Es ist ein Alptraum
mit dem Stammbaum
man fühlt sich wie der letzte Abschaum
der gute Ton
die Tradition
des hast davon

Es ist ein Alptraum
mit dem Stammbaum
man fühlt sich wie der letzte Abschaum
der gute Ton
die Tradition
das hamma jetzt davon

I AM FROM AUSTRIA

Dei' hohe Zeit
ist lang vorüber
und auch die Höll'
hast hinter dir,
vom Ruhm und Glanz
ist wenig über
sag' mir, wer zieht noch
den Hut vor dir
außer mir?

I kenn' die Leut'
i kenn' die Ratten
die Dummheit
die zum Himmel schreit
i steh' zu dir bei Licht und Schatten
jederzeit

Da kann ma' machen was ma' will
da bin i her da g'hör' i hin
da schmilzt das Eis von meiner Seel'
wie von an Gletscher im April
auch wenn wir's schon vergessen hab'n
i bin dei' Apfel du mei Stamm

So wie dein Wasser talwärts rinnt
unwiderstehlich und so hell
fast wie die Tränen von an Kind
wird auch mein Blut auf einmal schnell
sag' ich am End' der Welt voll Stolz
und wann ihr wollt's
auch ganz alla

I am from Austria
I am from Austria

Es war'n die Störche oft zu beneiden
heut' flieg´ich noch viel weiter fort
u seh' di' meist nur von der Weiten

Wer kann versteh'n
wie weh das manchmal tut

Da kann ma' machen was ma' will
da bin i her, da g'hör' i hin
da schmilzt das Eis von meiner Seel'
wie von an Gletscher im April

Auch wenn wir's schon vergessen hab'n
i bin dei' Apfel du mei Stamm
so wie dein Wasser talwärts rinnt
unwiderstehlich und so hell
fast wie die Tränen von an Kind
wird auch mein Blut auf einmal schnell
sag´ich am End' der Welt voll Stolz

Und wann ihr wollt's
auch ganz alla

I am from Austria
I am from Austria

JUDAS

Hast du als Kind geweint
küßte man Tränen von den Wangen
das erste Mal vereint
zeigten die Lippen mehr Verlangen
in ihrer Leidenschaft
liegt eine ungezähmte Kraft

Dann küßt man sehr galant
will man zu der Gesellschaft zählen
so manche bleiche Hand
von Damen und von Kardinälen

Doch spürst du weit und breit
nichts mehr von Zärtlichkeit
es bleibt dir ganz zum Schluß
nur noch der Bruderkuß von

Judas
keiner küßt so wie er
keiner flieht seinen Atem
keiner macht es ihm schwer

Er hat die wärmste Hand
von allen, die dir gratulieren
er weiß dich sehr gewandt
an deiner Eitelkeit zu führen

er ist so wie es scheint
dein allerbester Freund
sein Kuß tut meistens gut
sei immer auf der Hut

Kennst du nicht Judas
keiner küßt so wie er
keiner flieht seinen Atem
keiner macht es ihm schwer

Kennst du nicht Judas
er ist immer noch hier
doch welchen Wert hätt' die Wahrheit
wenn doch die Lüge nicht wär

NUR SO ZUM SCHEIN

Der Sommer legt sich übers Land
wie eine große warme Hand
voller Geschenke seitdem ich denke

Ob die Zikade wenn sie singt
weiß daß sie mit dem Tode ringt?
Noch blüh'n die Felder
hoch steh'n die Wälder

Nichts zu riechen
nichts zu schmecken
nichts zu seh'n
kaum zu glauben
und nicht zu versteh'n
ist dieser Schein
der dich trügt
der genügt
dich so sehr zu lähmen
nur zum Schein
ist jeder gern berührt
vor seinen Kindern
wird sich mancher dafür schämen
wenn auch nur zum Schein
Das Meer ist heut' noch immer blau
zwar schaut man nicht mehr so genau
denn die Idylle
liegt in der Stille
der Himmel hat ein Riesenloch
die Sterne strahlen heller noch
sagt dein Gewissen
will es nicht wissen

Nichts zu riechen
nichts zu schmecken
nichts zu seh'n
kaum zu glauben

Und nicht zu versteh'n
ist dieser Schein
der dich trügt
der genügt
dich so sehr zu lähmen
nur zum Schein
ist jeder gern berührt
so mancher der's erlebt
wird sich noch dafür schämen
wenn auch nur zum Schein
wenn auch nur zum Schein

ÜBER MEINEN HORIZONT

Wer lang unterwegs is
hat viel zum erzähl'n
a Hund an der Ketten
hat immer nur ein und
dasselbe zu bell'n

A Vogel der frei is
singt doppelt so schön
wenn's einmal vorbei is
wird's jeder verstehn
a jeder verstehn

Im Kreis geh'n macht miad
die Neugier verbliat
und ma gspiat irgendwie
wie die Lust wird zur Gier

Mei Zweifel tut weh
doch er treibt mi in'd Höh
und wofür es sich lohnt
is der Blick hie und da
über mein Horizont
Man nimmt sich die Freiheit
das Schicksal sein Lauf
und lernt das Alleinsein
am schnellsten bergauf
am schnellsten bergauf

Wer glaubt der wird selig
i bin schon verflucht
i hab' no nix g'funden
i hab' immer nur g'sucht
immer nur g'sucht
Im Kreis gehn macht miad
die Neugier verbliat
und ma spürt irgendwie
wie die Lust wird zur Gier

Mei Zweifel tut weh
doch er treibt mi in'd Höh'
doch wofür es sich lohnt
is der Blick hie und da
über mein Horizont

Den Zweifel muß geb'n
er is das Salz in mein Leb'n
und wofür es sich lohnt
is der Schritt irgendwann
über mein Horizont

VON ZEIT ZU ZEIT

Ich hab dir einmal den Himmel
versprochen
kriegt hast ihn nie

Ss schaut alles anders aus
unter der Woche
net nur für di

Und dann geht man halt
vielleicht an Schritt zu weit
von Zeit zu Zeit

Heut bin i nimmer so
schnell zu verlocken
so schnell zu betör´n

Mei Feuer brennt so hell
daß für a Gluat net reicht
a Nacht fallt leicht
der Alltag meistens schwer
doch was i a tua
so sehr i mi a wehr
es führt ka Weg vorbei an dir

Du zwingst mi in die Knia
du machst an Narr'n aus mir
du bringst mei Herz ins Schleudern
wann immer i di gspia

Du raubst mir den Verstand
du druckst mi an di Wand
du nimmst kan klanen Finger
du willst mei ganze Hand

Und wenn i ehrlich bin
hab i kan Tag bereut
denk i mir oft von Zeit zu Zeit

I war a Rätsel
du kennst schon die Lösung
du hast mi durchschaut
du hast dich nie mir in Weg g'stellt viel
schlimmer
du hast mir vertraut
aber wieg' ich mich zu sehr
in Sicherheit
nimmst ma mei Überheblichkeit

Dann zwingst mi in die Knia
und machst an Narr'n aus mir
dann bringst mein Herz ins Schleudern
wann immer i di gspia

Du raubst mir den Verstand
dann druckst mi an di Wand
dann hast kan klanen Finger
dann hast mei ganze Hand

Und wenn i ehrlich bin
hab ich kan Tag bereut
denk i ma dann
von Zeit zu Zeit

Nu, man glaubt oft net
dem End sei Gültigkeit
von Zeit zu Zeit

Dann zwingst mi in die Knia
dann machst an Narr'n aus mia
dann bringst mei Herz ins Schleudern
wann immer i di gspia
Dann raubst mir den Verstand
und druckst mi an die Wand
dann hast kan klanen Finger
dann hast mei ganze Hand

WIE BEIM ERSTEN MAL

Es ist schon zwanzig vor acht
und es quält mich noch ein Journalist
ob ich noch aufgeregt bin
oder ob alles schon Routine ist
ich hab jetzt leider kan Kopf
an meiner Bühnenhose fehlt ein Knopf
i such wen der mir ihn annäh'n könnt
weil mir zittern schon die Händ

Er läßt mich nicht aus den Aug'n
ich glaub er sucht an mir Nervosität
ich hab zwar furchtbare Angst
aber grad dir mein Freund
dir zeig ich's net

Es fällt heut nicht mehr so schwer
jedoch was vorgeht in mir
wenn ich die letzten Meter
ganz allanich geh
wirst du nie im Lebn versteh'
Es ist wie beim ersten Mal
das größte Glück die größte Qual
da herob'n wird nur der überleb'n
der bereit ist das Letzte zu geb'n

Wie beim ersten Mal
so viele Augen überall
und das gleissende Licht
wie der Tag in dein Gsicht

Die Halle kocht
ich horch nur noch mein' Herz zu
wie's in meinen Ohren pocht
i hab schon tausendmal g'spielt
es is vorbei des was vor mir liegt zählt
man g'wöhnt sich niemals so recht
an das Flimmern
man g'wöhnt sich nie so richtig
an den kalten Schweiß
doch was soll's das ist der Preis

Und es ist wie beim ersten Mal
das größte Glück die größte Qual
wie man weiß wird nur der überleb'n
der bereit ist das Letzte zu geb'n

Wie beim ersten Mal
so viele Augen überall
und das gleissende Licht
wie der Tag in dein G'sicht

Wie beim ersten Mal
und es vergeht wie im Flug
doch soviel man auch gibt
es ist niemals genug

Wie beim ersten Mal
und es gibt nichts
das man mitnehmen ka'
wenn's vorbei is bist wieder allan

WIRTSCHAFTSWUNDERKINDER

Der Franzi hat a Moped g'habt
der Teufel hat's frisiert
er hat von seiner letzten Bank
die ganze Schul' regiert

Sei Freundin war die Angela
a Has' wie aus'm Buach
hat g'habt mit zwölfe an BH
und hohe Stöckelschuach
genauso war's

Den Franzi hat man nie erwischt
der Franzi war zu hell
er war nie wirklich kriminell
er war mehr ein Rebell

I hör noch wie er zu mir sagt
wer frei sei will lebt unbequem
heut schlaft er nur wenn überhaupt
mit viel Tabletten und Alarmsystem

J, ja die meisten
von den Wirtschaftswunderkindern
sind genauso wieder
alte Deppen word'n

Kaum daß an Platz habn
für ihr'n breiten Hintern
verkaufen's mit der Schneid
a glei ihr'n Zorn

Sein Händedruck is feuchter word'n
und er a bisserl blad
er sagt daß er's im Magen hat
und tuat ma langsam lad

Sein Anzug aus dem Katalog
sein Scheitel streng vom Messerschnitt
ein After-Shave das jeder mag
so kriegt ma spielend jeden Bar-Kredit

Ja ja die meisten
von den Wirtschaftswunderkindern
sind genauso wieder
alte Deppen word'n
kaum daß an Platz habn
für ihr'n breiten Hintern
verkaufen's mit der Schneid
a glei ihr'n Zorn

Vorbei die Zeit des „Flower Power"
heut' ist schon die Power flauer
wie's euch nur so verändern könnt's
frag i mi oft in mein Mercedes Benz

Ja ja die meisten
von den Wirtschaftswunderkindern
sind genauso wieder
alte Deppen word'n
kaum daß an Platz habn
für ihr'n breiten Hintern
verkaufen's mit der Schneid
a glei ihr'n Zorn

ZEITGEISTERFAHRER

I steh auf einer Vernisage
vor einer gräßlichen Collage
und renk mir'n Hals aus
es ist bedrückend heiß und eng
wenn i jetzt sag was i mir denk
is all's aus

I steh davor
und frag mich nur
woran erkennt man die Kultur?

Es defiliert die Prominenz
mit freundlicher Inkompetenz
im Blitzgewitter

a jeder der vorübergeht
tut so als ob er was versteht
und lächelt bitter

Der Bürgermeister schaltet schnell
die Mehrheit hat man kulturell

Man blendet schnell die Leut'
am besten heut'
als Zeitgeisterfahrer
erst bis wer d'rübersteht und sagt
es g'fallt mir net
sieht man klarer

I sitz in an Theaterstück
glei neb'n der Tü, des is mei Glück
bald muß ich flüchten
weil das Premierenpublikum
ist wieder einmal viel zu dumm
für solche Gschichten;
der Regisseur war hemmungslos
und ist bis heut' auf freiem Fuß

Man blendet schnell die Leut'
am besten heut'
als Zeitgeisterfahrer
erst bis wer d'rübersteht und sagt
es g'fallt mir net
sieht man klarer

Auch wenn sich keiner interessiert
die Kunst sie lebt subventioniert

Z'haus nimm i wieder mei Gitarr'
nicht für die Show, für mi alla
und muß a Liad schreib'n

Auch wenn ich merk
es g'fallt euch net
ich weiß daß trotzdem weitergeht
und werd mir treu bleib'n
ihr könnt's mir glauben
die größte Hetz
hat man in Wahrheit ohne Netz

I weiß man fangt die Leut'
am besten heut'
als Zeitgeisterfahrer
erst bis wer drüberstehtund sagt
es g'fallt mir net
sieht man klarer

Man blendet schnell die Leut'
am besten heut'
als Zeitgeisterfahrer
erst bis wer d'rübersteht und sagt
es g'fallt mir net
sieht man klarer

„NIX IS FIX"
(ALBUM, 1991)

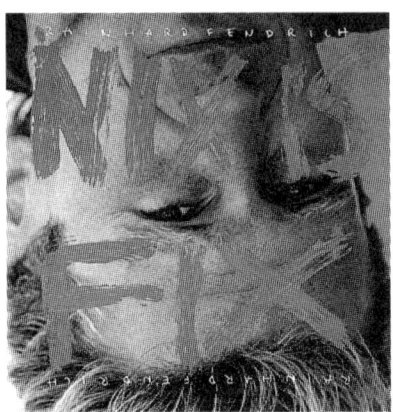

CYRANO

Auch wenn man vieles schnell vergißt
gibt's manches Bild in mir
das nie verblichen ist
am Schultor hab ich sie geseh'n

Schon von der Ferne
war sie unvorstellbar schön
sie stellte mich vor allen bloß
meine Nase war zu groß
es war vielleicht als Scherz gemeint
dann sah ich sie mit meinem Freund

Durch sie lernte ich zu verlieren
mein einziger Freund
kam mir vor wie ein Feind
allein nur für sie
schrieb ich ihm seine Briefe
und mein erstes Gedicht
doch sie wußte es nicht

Wie Cyrano

Ich hab nie viel davon erzählt
an diesem Tag
kam meine Eitelkeit zur Welt
das Leben hat mich schnell verwöhnt
mit meiner Nase
hab ich mich schon lang versöhnt

vielleicht hört sie mich irgendwo
spät in der Nacht im Radio
vielleicht erkennt sie das Gedicht
vielleicht weiß sie's bis heute nicht

Für sie
schrieb ich so viele Lieder
dennoch kenne ich nicht
einmal mehr ihr Gesicht
die Fantasie
bringt sie mir immer wieder
manchmal weiß ich es kaum
war sie wahr oder Traum
und bin so froh
wie Cyrano

Sie wird mich immer begleiten
geht mit mir durch die Zeiten
geht mit mir in mein Grab
sie werd ich immer vermissen
keiner wird es je wissen
ob es sie jemals gab

Das ist halt so
bei Cyrano

DER HIMMEL
WÜRFELT LEIDER NICHT

Ich war nie der Junge
vom Rande der Stadt
ich hab nie gefroren
ich war immer satt

mein Leben war eben wunderbar

Mir hat nie die Hand
meiner Mutter gefehlt
ich kam wie bestellt
Sonntag morgens zur Welt
mein Leben war sehr vorhersehbar
den tiefen Sinn
begreif' ich heut noch nicht
oft frag ich mich warum gerade ich
warum steh'n viele im Dunkeln
und ich hier im Licht

Der Himmel würfelt leider nicht
mein ganzes Glück
ist nur die Pflicht zu leben
zu leben wie's mir gegeben war
ob Sieger oder graue Maus
aus deiner Haut kommst du nie raus
weil's eben weil's eben
dir vorgegeben war

Ich kenn' kein Parterre
wo die Sonne nie scheint
ich habe in teuren
Appartements geweint
mein Leben hat's eben
mit mir gut gemeint

Schon war meine Zukunft
vorausprogrammiert
und doch wie zum Trotz
ist es anders passiert
weil eben mein Leben
nicht nur mir gehört
mir allein gehört

Der Himmel würfelt leider nicht
mein Schicksal ist nur
meine Pflicht zu leben
zu leben wie's mir gegeben war
ob Sieger oder graue Maus
aus deiner Haut kommst du nie raus
weil's eben weil's eben
dir vorgegeben war

Ich war so blind
wie Sonntagskinder sind
weil jeder denkt
sie kriegen es geschenkt
doch kaum wer kennt den Schmerz
wenn man sich verbrennt,
wenn man verbrennt

Der Himmel würfelt leider nicht
mein Schicksal ist nur
meine Pflicht zu leben
zu leben wie's mir gegeben war
ob Sieger oder graue Maus
aus deiner Haut kommst du raus
weil's eben weil's eben
dir vorgegeben war

Der Himmel würfelt leider nicht...

DER LIFT

Es war ein einem Grandhotel
in irgendeiner Stadt
wo man so gut wie keine Freunde hat

Mir scheint ich war schon öfter hier
der Barmann ist sehr flink
er mixt mir wortlos
meinen Lieblingsdrink
dann flüstert er diskret mir zu
„Den Drink bezahlt
die Dame hinter dir"

Ich dreh' mich um sehr selbstbewußt
und sehe en passant
den Sündenfall in Yves Saint Laurent

Der Traum fast jeder Pubertät
kommt leider viel zu spät
von allzu reifen Früchten wird mir flau

Kaum steh ich an der Aufzugstür
hör ich Schritte hinter mir
ich drück auf sieben sie auf sechs
schon sind wir unterwegs

Stell dir vor es bleibt der Lift steh'n
und alle Lichter gehen aus
keine Angst
er bleibt noch nicht steh'n
bald bist du wieder raus
würdest du laut um Hilfe schrein
oder noch mal siebzehn sein
bleibt dieser Lift steh'n
ist es um dich gescheh'n

Ich klebe an der Fahrstuhlwand
und starre in ein Eck
und weiß genau
es hat doch keinen Zweck
ich höre einen Reißverschluß
bevor sie mir erzählt
„Ich glaub ich hab genau
was Ihnen fehlt
ist das da nicht Ihr Portemonnaie
gestatten Sie
ich bin die Frau vom Hotelier"

181

Da bleibt der Lift steh'n
und alle Lichter gehen aus
gerade jetzt
sonst bleibt er nicht steh'n
hier komm ich nie wieder raus
wer immer unser Retter ist
nur bitte ja kein Journalist
ich seh' die Überschrift
wer war mit ihm im Lift?

Da bleibt der Lift steh'n
und alle Lichter gehen aus
gerade jetzt
sonst bleibt er nicht steh'n
hier komm ich nie wieder raus

Ich möcht laut um Hilfe schrein
und nie mehr wieder siebzehn sein
da bleibt der Lift steh'n
na ja wir werden seh'n
wir werden seh'n
wir werden seh'n

ERBEN DER MACHT

Kinder spielen gleich ob reich ob arm
um vieles lieber Räuber und Gendarm
als Domino
war das schon immer so?

Fast jeder Junge
sei er noch so herzensgut
schreit irgendeinmal
„Peng, jetzt bist du tot"
ist es Wut, ist es Haß, warum er's tut?

Weit entfernt
er hat's von uns gelernt
auf einmal wie über Nacht
sind sie die Erben der Macht
ohne jede Warnung
sie sind auf vieles gefaßt
nur wird die Wahrheit zur Last
gibt es keine Tarnung
wir haben manches versucht
kann sein daß man uns dafür verflucht
doch ihre Prüfung beginnt
erst dann wenn wir nicht mehr sind

Alles was jung ist
wirft man gern in einen Topf
hat keine Zeit
und schüttelt seinen Kopf
von hier bis Tokyo
war das schon immer so?

Kaum kann er steh'n in seinem Gitter
weiß er schon ganz genau
wie man nach seiner Schwester tritt
ist der Zorn
ihm einfach angebor'n?
weit entfernt
er hat's von uns gelernt

Auf einmal wie über Nacht
sind sie die Erben der Macht
ohne jede Warnung
sie sind auf vieles gefaßt
nur wird die Wahrheit zur Last
gibt es keine Tarnung
wir haben manches versucht
kann sein daß man uns dafür verflucht
doch ihre Prüfung beginnt
erst dann wenn wir nicht mehr sind

Auf einmal wie über Nacht
sind sie die Erben der Macht
ohne jede Warnung
sie sind auf vieles gefaßt
nur wird die Wahrheit zur Last
gibt es keine Tarnung
wir haben vieles versucht
kann sein
daß man uns dafür verflucht
doch ihre Prüfung
beginnt erst dann
wenn wir nicht mehr sind
wenn wir nicht mehr sind

Wir haben alles versucht
kann sein,
daß man uns dafür verflucht
doch ihre Prüfung
beginnt erst dann
wenn wir nicht mehr sind
wenn wir nicht mehr sind
wenn wir nicht mehr sind

IM WESTEN

Ich glaube
solang ich noch träumen kann
bleibt das Kind in meinem Mann
im Kind wächst ein Traum
bis zur Sehnsucht heran
die Erfüllung macht den Mann

Wie hab ich mich gequalt
und mir so vieles erfullt
aber nichts auf dieser Welt
hat meine Neugier je gestillt
und mein Traum von der Prärie
er erfüllte sich nie
wo man Gute und Böse leichter trennt

Im Westen dacht ich mir
ist es schöner als hier
im Westen fällt die Sonne ins Meer
im Westen kommt man viel
sehr viel schneller ans Ziel
hab ich mir gedacht
und hab mich aufgemacht

Ich habe noch nie zuvor
das Gefühl gekannt
it man fremd in einem Land
ich hab mich gefragt wie es möglich ist
daß man Freunde so vermißt

Ich träumte
den Alptraum der Maßlosigkeit
keine Spur sah ich je
was von meiner Prärie
ich hab bis zuletzt
meinen Kopf durchgesetzt
aber doch wie so oft
nur vergeblich gehofft

Im Westen dacht ich mir
ist alles doppelt so groß
im Westen fällt es dir in den Schoß
im Westen gibt es mehr
viel mehr Leben als hier
hat man mir erklärt
und ich hab zugehört

Im Westen gibt es mehr
viel mehr Freiheit als hier

im Westen zahlst du teuer dafür
im Westen weiß ein Kind
kaum wie Kinder noch sind
und sitzt endlos froh
vor seinem Video

Im Westen war'n schon mehr
viel mehr vor dir
und liefen ihrem Glück hinterher
im Westen gibt es mehr
viel mehr Tränen als hier
hat man mich belehrt
und ich bin wieder umgekehrt

IN DER SZENE

Hast du am Abend
meistens keine großen Pläne
dann gibt's nur einen Platz
fast jedes zweite Nest
hat heut schon eine Szene
von Liverpool bis Graz
wo die Crème verkehrt

Du kannst ein Würstel
die allergrößte Null sein
das ist komplett egal
du mußt nur durchgestylt
und unbeschreiblich cool sein
betrittst du ein Lokal
man wird immerhin
von spät bis früh sehr viel geseh'n,
wo?

In der Schicki Micki Bar
in der Stoßzeit am Boulevard
in der Szene, in der Szene

Im Bohemien-Cafe
und in der Disco vis a vis
in der Szene in der Szene

Du parkst den Zwölfzylinder
frech in zweiter Spur ein
am Pulsschlag sind die Plätze knapp
die Polizei muß wieder
wie gewöhnlich stur sein
und schleppt ihn wieder ab

Doch so lang die Rodel
noch der Bank gehört
ist es nicht der Rede wert
wenn man nur dazugehört

In der Schicki Micki Bar
in der Stoßzeit am Boulevard
in der Szene in der Szene
wo der Zeitungskolumnist
sich selber in der Zeitung liest
in der Szene ist es so schön

In der Schicki Micki Bar
in der Stoßzeit am Boulevard
in der Szene, in der Szene.
Im Bohemien-Cafe
und in der Disco vis a vis

in der Szene in der Szene

Wo kann der Geist sich recht entfalten
wo fällt man in Gesellschaftsspalten
in der Szene in der Szene
wo gibt's die längsten Damenbeine
wo bleibt der Mensch
nicht lang alleine
in der Szene in der Szene

Und der nimmermüde Presse
wird nie fad
mit Nikon und mit Hasselblad
daß so mancher Fotograf
am Daumen schon a Blaserl hat

in der Szene

Da küßt die Hauptdarstellerin
sogar die Nebenbuhlerin
in der Szene in der Szene
da küßt die Bonny ihren Clyde
der Doktor Jeckyll Mister Hyde
in der Szene
man promeniert
man diskutiert
champagnisiert
dann wir man miad

in der Szene

Wo trinkt der Fernsehregisseur
alle fremden Gläser leer
in der Szene in der Szene

Wo schwärmt der junge Dr. phil
von Deponien für Sondermüll
in der Szene, in der Szene

Und wo erfährt ein fetter Star
daß er früher netter war
in der Szene in der Szene

Dort wo es feuchte Bussis regnet
gleich wem man des Nachts begegnet
wo ein Skinhead niemals hingeht
ist die Szene

LÖWIN UND LAMM

Sie besticht mit ihren Tränen
und sie lächelt wenn sie lügt
denn sie weiß
daß nur ein Blick von ihr genügt
ihre Wahrheit läßt sich dehnen
wenn man wirklich danach sucht
ich hab oft verzieh'n
und öfter sie verflucht

Sie vergeht in ihren Nächten
wenn sie Augenblicke liebt
sie bricht alle Dämme
wenn sie sich ergibt

Irgendwie
ist keine wie sie
Löwin und Lamm
zornig und zahm
sie dreht mit dem Wind
frech wie ein Kind
sie macht es mir schwer
doch ich weiß nicht was wär'
wenn ich sie verlier'

Sie will jede Menge Leben
an ein Morgen denkt sie nicht
wenn sie hemmungslos
Gesetze einfach bricht
sie kann Trost und Heimat geben
und ist manchmal völlig fremd

sie ist die,
die mich beflügelt und mich hemmt

Wenn sie will ist sie der Sommer
und wenn nicht das blanke Eis
ihre Liebe gibt es nur ohne Beweis

Doch irgendwie
ist keine wie sie
Löwin und Lamm
zornig und zahm
sie dreht mit dem Wind
frech wie ein Kind
so sehr mein Verstand sich auch wehrt
sie gehört zu mir

Sie vergeht in ihren Nächten
wenn sie Augenblicke liebt
sie bricht alle Dämme
wenn sie sich ergibt

Irgendwie
ist keine wie sie
Löwin und Lamm
zornig und zahm
sie dreht mit dem Wind
frech wie ein Kind
sie macht es mir schwer
doch ich weiß nicht was wär'
wenn ich sie verlier'

NIX IS FIX

Alles ist möglich
aber nix is fix

Es spricht der Vater
als dein Berater
sei bitte endlich g'scheit
und denk' auch mit der Zeit
an deine Sicherheit

Es nickt die Mutter
ja ja mein Guter
wer so wie du durchs Leben schwebt
hat keinen Krieg erlebt
der einem Ehrfurcht gibt

Das ist kein Scherzen
nimm dir's zu Herzen
mach dir doch Sorgen
auch morgen geborgen zu sein

Doch da sagt das Teuferl
leg nach a Schäuferl
all's wird verpufft sein
geht's in die Gruft rein
da helfen keine Tricks
doch alles ist möglich
bist du noch unterwegs
alles beweglich
nix is fix

Das Ruhekissen
ist zu vergessen
weil alles ist möglich
aber nix is fix
nix is fix

Du stehst vorm Doktor
als Splitternackter
er spricht zu dir mit einer Runzelstirn
also meine Herr'n
das seh ich gar nicht gern
Sie haben Werte
total verkehrte.
um's Ihnen zu erklär'n
Sie war'n noch nie so fern
besonders alt zu werd'n
werden Sie weiser
und treten Sie leiser

Sie müssen bremsen
sie sind heut ka Gemsen mehr

Nur da sagt das Teuferl
leg nach a Schäuferl
all's wird verpufft sein
geht's in die Gruft rein
alles ist möglich
bist du noch unterwegs
alles beweglich
nix is fix
Sich vor lauter Zinsen
ins Fäustchen zu grinsen
bringt überhaupt nix
weil nix is fix
nix is fix

Nun das Glück kann treu sein
und morg'n schon vorbei sein
heut' bist ein Star
vielleicht morgen
liegst' schon am Trottoir

Alles ist möglich
bist du noch unterwegs
alles beweglich
nix is fix
all's wird verpufft sein
geht's in die Gruft rein
weil alles is möglich

Alles ist möglich
bist du noch unterwegs
alles beweglich
aber nix is fix

Da von Geburt ich
war immer hurtig
sag ich mir
pfeif dir nix
weil nix is fix
nix is fix
nix is fix

PAPA

Wer macht den Himmel blau Papa
und manchmal dunkelgrau Papa
warum kommt aus der Sonne
soviel Licht

Und wer hat in der Nacht Papa
die Sterne angebracht Papa
warum muß ich jetzt schlafen
und du nicht

Und ich bin es nicht gewohnt
daß mich wer Vater nennt
war doch gerade noch zuvor
kaum ein Mann vielmehr ein Kind

Auf einmal kommt irgendwer
und will alles von dir
ob es ihm auch gelingt
weiß allei, allein dein Instinkt

Und ist man einmal tot Papa
wohnt man beim lieben Gott Papa
warum kann ich dort oben
niemand seh'n

Hast du mir schon erzählt Papa
woher der Regen fällt Papa
du riechst so gut
wohin mußt du jetzt geh'n

Und auf einmal wird mir heiß
weil ich viel zu wenig weiß
fragt ein Kinderaugenpaar
was ist Lüge was ist wahr

Und ich hab' im Handumdreh'n
meinem Vater verzieh'n
so wie er mich gelenkt
tat er nur aus purem Instinkt

Und auf einmal sagt wer
einfach Vater zu dir
und wie herrlich es klingt
weiß allei, allein dein Instinkt

TUTTI FRUTTI MUTTI

Geh' zieh' doch die Jalousien
damit nicht die Nachbarn seh'n
was in Kürze hier passiert
ganz runter

Mach ein gedämpftes Licht
weil gleich nach dem Sportbericht
kommt heut endlich wieder

Tutti Frutti Mutti

Laß deine Lockenwickler fallen
zwäng dich ins schwarze Negligé

Heut' wird der Korken wieder knallen
das bringt die Stimmung in die Höh'

Komm etwas näher her
gib acht auf die Bonbonnier'
und iß bitte bitte die Soletti
nicht im Bett
ich werd' sonst rasend wild
geh mir doch aus dem Bild
denn jetzt kommt gleich wieder

Tutti Frutti Mutti

Laß deine Lockenwickler fallen
zwäng dich ins schwarze Negligé
gleich wird der Korken wieder knallen
das bringt die Stimmung in die Höh'

Laß deine Lockenwickler fallen
zwäng dich ins schwarze Negligé
gleich wird der Korken wieder knallen
das bringt die Stimmung in die Höh'

Nimm bitte keine Schönheitscreme
weil andernfalls erschreckst du mich
komm in das Bett in das bequeme
dann hab ich etwas Zeit fur dich

Mama Mama
du Mama es fangt an
Mama
schlaft schon

WIE TAG UND NACHT

Wir trafen uns mit voller Wucht
es fällt mir schwer es zuzugeben
auf dich war ich im Leben nicht gefaßt

Ich war wie immer auf der Flucht
und hab ganz kurz nicht achtgegeben
da bin ich blind in dich hineingerast

Kann sein wir haben unbedacht
uns viel zu schnell
ein schönes Nest gemacht
und es uns einfach zugetraut
immerzu Jahr für Jahr, Haut an Haut

Wir sind wie Tag und Nacht
wie füreinander gemacht
wir liegen wie Stein an Stein
können ohne einander nicht sein
wir haben's gewußt
nah am Schmerz liegt die Lust
und außer Glück wie man weiß
gibt's noch Tränen und Schweiß

Es ist noch gar nicht lange her
da hätt' ich geschworen
daß ich dich kenne
besser noch als mich

Ich war zu sehr verrückt nach dir
und zu gedankenverloren
doch mit dem Lauf der Zeit
erkennt man sich

Wir haben's mehr als oft versucht
das Paradies war immer ausgebucht
und es uns einfach zugetraut
immerzu
Jahr für Jahr Haut an Haut

Wir sind wie Tag und Nacht
wie füreinander gemacht
wir liegen wie Stein an Stein
können ohne einander nicht sein

Wir haben's gewußt
nah am Schmerz liegt die Lust
und außer Glück wie man weiß
gibt's noch Tränen und Schweiß

Wir sind wie Tag und Nacht
doch wir sind füreinander gemacht
wir liegen wie Stein an Stein
können ohne einander nicht sein
wir haben's gewußt
nah am Schmerz liegt die Lust
und außer Glück wie man weiß
Gibt's noch Tränen und Schweiß

Wir haben's gewußt
nah am Schmerz liegt die Lust
und außer Glück wie man weiß
gibt's noch Tränen und Schweiß

„ES IST SO FAD IM DEZERNAT"
(SINGLE, 1991)

RAINHARD FENDRICH

Was war denn schon
ein Ohrenreiberl
ein Tritt ans Schienbein oder Knie
ein kleiner Blutfleck auf an Leiberl
kann doch kein Grund sein
für die Hysterie

Es ist so fad im Dezernat
es ist so fad es ist so fad
doch keine Angst es kommt der Tag
da spiel'n wir alle wieder
Knüppel aus dem Sack

Der g'rade Weg wo die Moral ist,
wird immer schwieriger zu geh'n,
weil er so glatt und ziemlich schmal ist
kann leichter denn je
ein Verbrechen geschehn

Uns nähern sich keine Blondinen
wie es in Filmen oft der Brauch
wir sitzen an den Schreibmaschinen
wir krieg'n keine Orden
wir krieg'n einen Bauch

Es tappt das Auge des Gesetzes
die meiste Zeit in Dunkelheit
was auf die Dauer keine Hetz' is
zu nichts sind wir fähig zu allem bereit

Auch wenn die schrägen Vögel witzeln
die Presse uns zu Deppen macht
wir können immer noch bespitzeln
und wenn wir was finden
na dann gute Nacht

Es ist so fad im Dezernat
es ist so fad, es ist so fad
doch keine Angst es kommt der Tag
da spiel'n wir alle wieder
Knüppel aus dem Sack

Dann ist's nicht fad im Dezernat
dann ist's nicht fad
dann ist's nicht fad

Einst mußte man nicht lange fackeln
erhitzte sich ein Demonstrant
a Watschen daß die Wände wackeln
hat oft schon
viel schlimmeres Unheil gebannt

Wir hab'n den Drill
wir sind auf Zack
kommt der Befehl
dann spiel'n wir
Knüppel aus dem Sack

„BRÜDER"
(ALBUM, 1993)

Angelina i bin a Wiener
so treu wie i
schaut nicht einmal ein Bernhardiner
Angelina i bin a Wiener
wenn ich mich vorstell'n darf
José von Floridsdorf

Der Joschi ist doch sehr verwundert
er küßt ihr Ohr und sie will Hundert
bar auf die Hand und im voraus
sonst soll er rübergehn zur Lisa
die nimmt auch Eurocheques und Visa
doch mit einem abgebrannten Spießer
geht keine Dame mit nach Haus

Da drängt sich vor
ein buschiger Senor
mit an Schnurrbart und sehr fette Haar
heraus mit Dollar
sonst krieg ich einen Koller
oder heißt das gar mein Bester
dir gefällt nicht meine Schwester?

ANGELINA

Angelina i bin a Wiener
was du mi kost
kann i im Lebn nie verdienen
Angelina i bin a Wiener
du machst mi nie so scharf
wie die aus Floridsdorf

Herr Josef träumt von braunen Damen
aus den Bacardi-Rum-Reklamen
und es drückt auf sein Gemüt
wenn unter reifen Kokosnüssen
sie am Strand die Männer küssen
gräbt er sich tief in seine Kissen
weil er vor Sehnsucht fast vergeht

Man läßt nicht locker
und stößt ihn von dem Hocker
auf dem er sitzt
ein Messer blitzt
der Joschi schwitzt.

Er fühlt sich reger als ein Königstiger
und steigt in einen Flieger vergnügt

In solchen Krisen
trennt sich jeder von Devisen
samt einer Herrenuhr von Eduscho
weil die Bank hat leider zu schon

Er stellt sich vor
wie sie auf ihn schon warten
die schönsten Mädchen aller Arten
wie Moskitos in sein' Schrebergarten

Angelina i bin a Wiener
ein kleiner Blader so wie
ich tanzt kein Lambada
Angelina i bin a Wiener
der Rhythmus der mich packt
ist ein Dreivierteltakt

Angelina i bin a Wiener
du kleines Luder
ziehst mich aus bis auf die Bermuda
Angelina i mach an Diener
und wenn i darf
fahr i jetzt heim nach Floridsdorf

AUCH WENN DIE UHR STEHT

Auch wenn die Uhr steht
weiß ich es ist schon spät
in deinem Alter sind die Buben
meistens alle schon im Bett
ich hab dich aufgeweckt

Du hast bei mir noch Licht entdeckt
und schon blinzelt wer verschlafen
rein bei meiner Zimmertür
die Melodie ist zwar sehr schön
doch würdest du ganz gern verstehn
warum es Lieder gibt
die aufhörn mittendrin

Komm mach die Tür zu
du gibst ja doch keine Ruh
bevor ich dir
nicht alles ganz genau erklär
fällts noch so schwer

Schau da zum Schreibtisch her
der Zettel ist noch immer leer
denn mit Gewalt kriegen Gedanken
nie die richtige Gestalt
es kommt von selber über dich
doch manchmal läßt es dich im Stich

Komm her probier
ob dir was einfällt am Klavier.
ja das war zwar Moll
doch gar nicht schlecht
und mit dem passenden Gedicht
eh mans versieht
haben wir schon unser erstes Lied

Auch wenn die Uhr steht
ich weiß es ist schon sehr sehr spät
die andern Kinder schlafen längst
schon alle tief in ihrem Bett

Auch wenn die Uhr steht
ich weiß wie schnell die Zeit vergeht
und ich frag mich wieviel Zeit
bleibt mir noch für dich

MY BABY IS HAPPY

Es kommt oft vor
daß ich mich lange nicht rasier
und schnarche wie ein Tier neben ihr
my baby is happy

Daß ich im Haushalt
niemals einen Finger rühr
das ist man schon gewöhnt von mir
my baby is happy

Sie kann oft Stunden
wie eine Wilde schuften
und in Sekunden
wieder wie ein Veilchen duften

Ich schau auch manchmal
anderen Frauen nach
doch das ist kein Grund
für einen Krach
my baby is happy
so happy weil man Baby hat mi

Ich führ sie niemals ins Theater aus
sie macht sich ohnehin nichts draus
my baby is happy

Ich kauf ihr keine Kleider
keinen Schmuck
sie hat ja sowieso schon genug
my baby is happy

Ich gehe liebend gern und oft
ins Wirtshaus
und wenns dort sperr'n
dann feiern alle noch bei mir z'haus
am nächsten Morgen schaut es aus
wie nach der Schlacht
doch sie ist niemals aufgebracht
my baby is happy
so happy weil mein Baby hat mi

Auf einmal stand
– sie war gerade nicht zuhaus –
im Treppenhaus ein Blumenstrauß
mit einem Biletti
worauf geschrieben stand
mit starker Hand
die Zeit mit dir, hab Dank dafür.
bin happy, dein Seppi

Da geht mir siedend heiß
ein helles Licht auf
was jeder längst schon weiß
fällt mir natürlich wieder nicht auf

Das erklärt auch diese Fröhlichkeit
warum sie war in letzter Zeit
gar so happy
– ich Depp i –
mitn Seppi
das vergeß ich ihr nie

Wie ich mich mühe
von spät bis in die Frühe
auf allen ihren Wegen
rote Teppiche zu legen
so etwas von einem Ideal
wie mich findt sie sicherlich
kein zweites Mal
die andern wärn happy
jawohl happy
wenns an hätten so wie mi

Wärn happy
wenns an hätten so wie mi

BRÜDER

Es kam Mechmed Mustafa
aus der Türkei
so wollte es Allah
da war er grade zwei

In der Schule saß er neben mir
und ich fragte ihn
sag wo kommst du her
das ist doch einerlei

Nicht genug daß da ein Neuer kommt
wird er auch noch frech
darum kriegt er prompt
ein's mit dem Lineal
worauf gleich der Lehrer kommt
seid ihr bei Verstand
gebt euch jetzt die Hand
denn man ist gottlob
zivlisiert in diesem Land

Wir waren wie Pech und Rock'n'Roll
und uns war schlecht vom Alkohol
waren auf dieselben Mädchen scharf
und machten das was man nie darf

Ich sang dieselben Lieder wie er
wie Brüder waren wir
und ist es eine Ewigkeit her
Brüder sind wir
Brüder bleiben wir

Gestern traf ich Mustafa
als ich in seine Augen sah
fing er zu weinen an

Auf einmal standen sie
vor meinem Haus
und sie riefen lauthals ‚Türken raus'
wem hab ich was getan?

Ich bin hier solang ich denken kann
warum spuckt man meine Kinder an
warum schmiert man
einen Halbmond an die Tür
ich hab auf einmal keine Freunde mehr
und sie sagen wieder ‚du' zu mir
doch nur aus Arroganz
nicht weil sie Brüder sind wie wir

Fortsetzung Seite 225

BILDER

Teil 2 – ON Stage

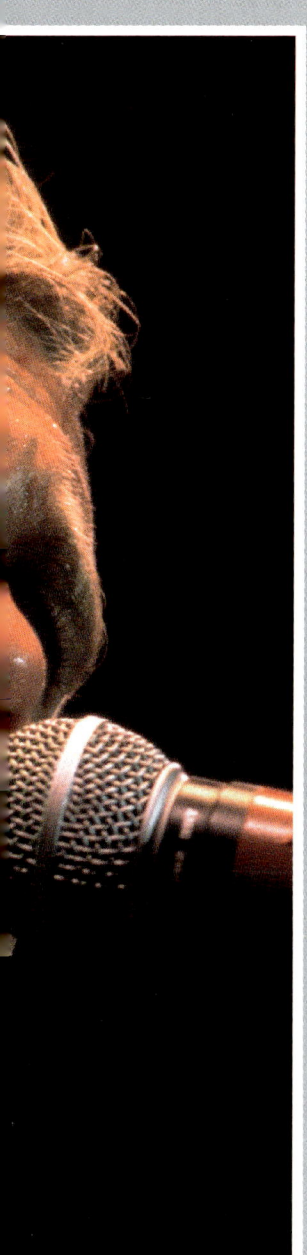

LIVE

Konzerte sind
die Würze
eines Musiker-
lebens.
Für Rainhard
Fendrich heißt
das: voller
Einsatz für sein
Publikum.

195

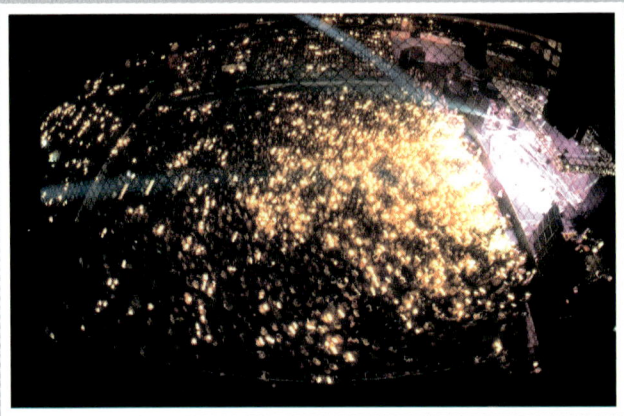

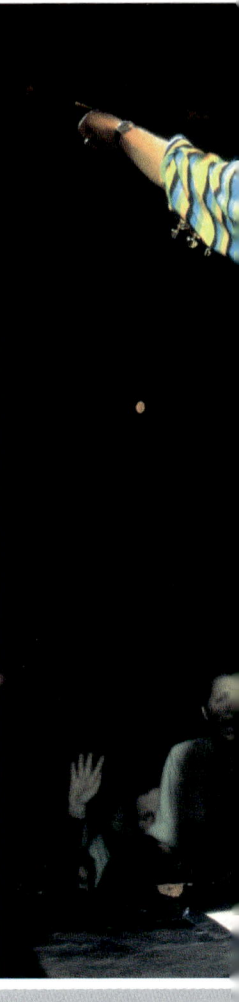

KONTAKT

Was im Studio eine nüchterne Produktion ist, kann vor Live-Publikum zu emotions-geladenen, magischen Momenten werden.

INTENSITÄT

Wer vor großem
Publikum wirken
will, muß mehr tun
als dastehen.
Intensität live...

Nix is fix

Vieles bei Live-
konzerten ist
streng durch-
dacht – vor
allem Bühnen-
bild und -technik.
Vieles ist spon-
tan: Rainhards
Einsatz, seine
Sprünge, seine
Show.

BACKSTAGE

Die Welt hinter der
Bühne: das Bio-
Buffet, ein letzter
Blick in den Spiegel,
ein falsch geschriebe-
ner Name an der
Garderobentür – und
Getränke, die hinter
den Kulissen warten.

DIE BAND

Er nennt seine Band
„Freunde": dieses
Musiker-Dutzend ist
die Fendrich-Band
1994/1995.

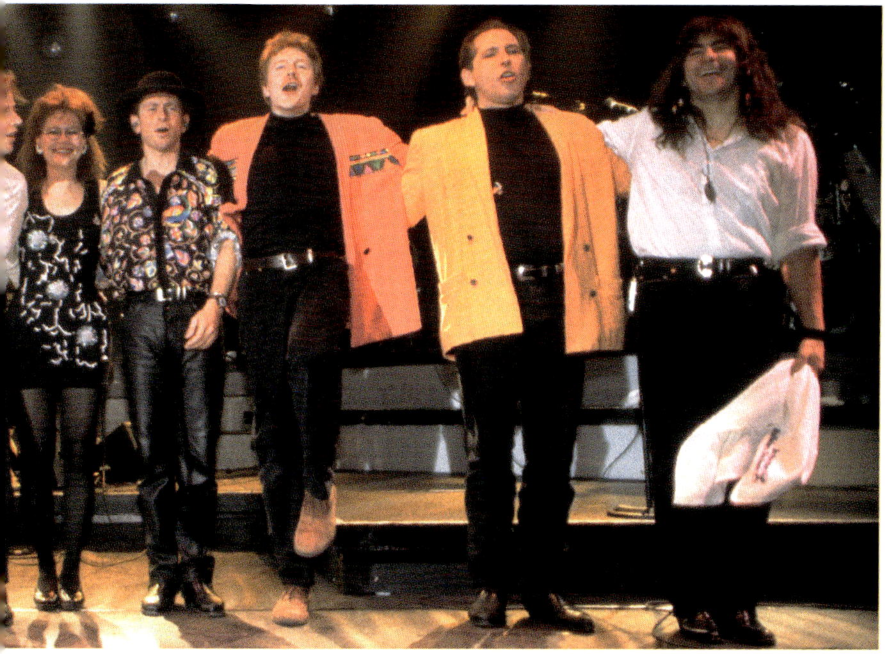

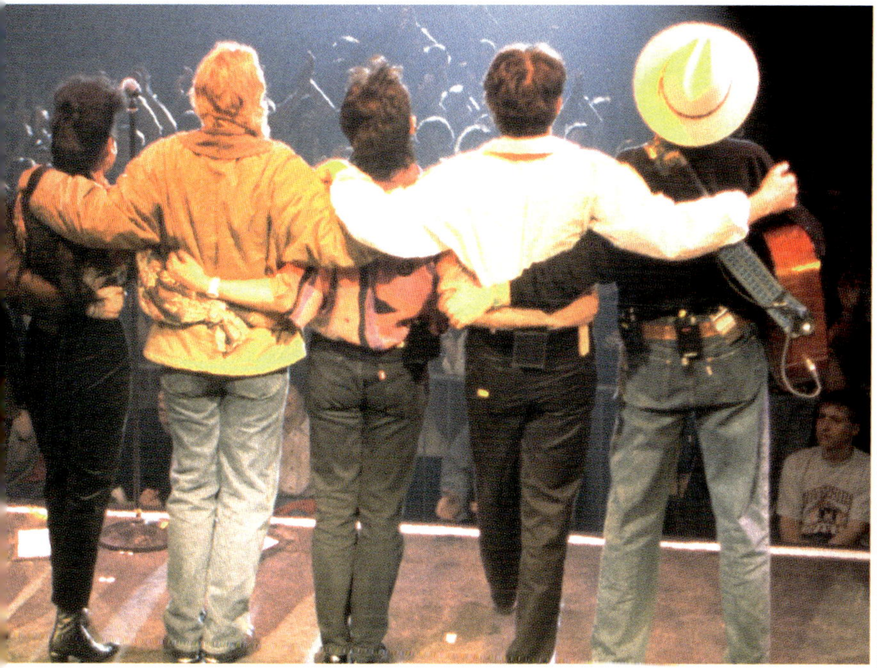

DIE MUSIKER

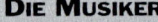

Die Fendrich-Band 1995:
Tato Gomez, Jacqueline
Patricio, Georg Gabler (obere
Reihe), Harald Fendrich,
Sabine van Baaren, Mario
Berger (mittlere Reihe), Mario
Argandona, Silvio Berger und
die Brause-Bläser Christian
Felke, Hans Peter Salentin
und Ludwig Götz.

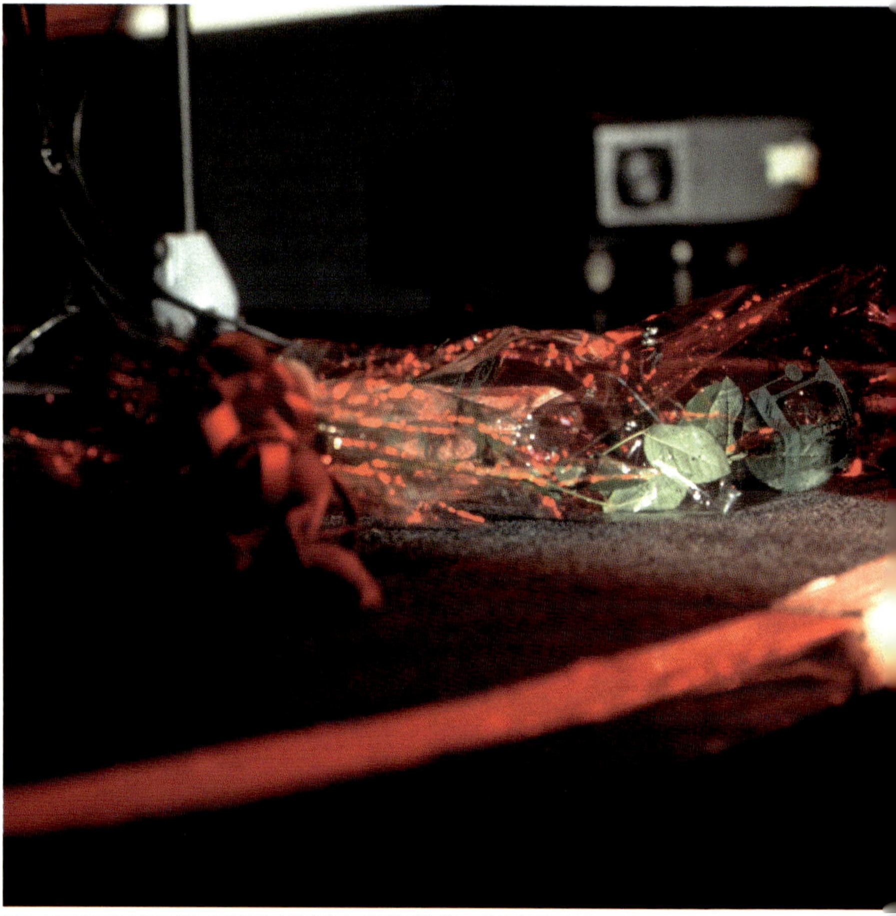

DIE FANS

Rote Rosen für den
„Rattenfänger": Oft ist
der Blick ins Publikum
nicht minder interessant
als der Blick auf die
Bühne...

DIE TV-SHOW

Mit der Fernsehshow „Nix is fix" hat sich Rainhard Fendrich einen Traum erfüllt. In der ersten Folge trat er unter anderem als „Arnold Schwarzenegger" auf.

STARGAST

Weltstar Jerry Lewis besuchte Fendrich in der „Nix is fix"-Show
und legte mit Rainhard ein Step-Duett hin. Weitere Gäste:
Frank Zander (rechts unten), Wolfgang Ambros & Hias (links
unten), und als Parodie die Royal Family und Peter Hofmann.

ELVIS & OPERNBALL

Weitere „Nix is fix"-Elemente: „Elvis Fendrich" in mehrfacher Reinkarnation, die Kim-Duddy-Dancers (links und rechts) , verschiedene Besucher bei der Opernball-Parodie, darunter eine rabiate (Ex-)Diva (oben).

ZAUBEREI

Ob degenerierte Adelsfamilie (oben) oder David Copperfield: Fendrichs Parodien sind ein Fixbestandteil bei „Nix is fix".

Gäste im Showblock: die EAV (links). Rechts: „Handy Man" in der Ballettversion.

DIE EHRUNG

Ein Orden vom Rathausmann: Bürgermeister
Helmut Zilk verleiht Rainhard Fendrich beim Open-Air
am Rathausplatz das Wiener Verdienstkreuz.

Wir waren wie Pech und Rock'n'Roll
und uns war schlecht vom Alkohol
waren auf dieselben Mädchen scharf
und machten das, was man nie darf

Ich sang dieselben Lieder wie er
wie Brüder waren wir
und ist es eine Ewigkeit her
Brüder sind wir
Brüder bleiben wir

Du heißt Rainhard und ich Mechmed
wegen diesem Unterschied
haben Häuser schon gebrannt
stehst du heute neben mir
wie ein Bruder denn das waren wir
ein Herz und eine Hand
Allah gebe uns Verstand

Wir waren wie Pech und Rock'n'Roll
und uns war schlecht vom Alkohol
waren auf dieselben Mädchen scharf
und machten das was man nie darf

Ich sang dieselben Lieder wie er
wie Brüder waren wir
und ist es eine Ewigkeit her
Brüder sind wir
Brüder bleiben wir

DIE FLEDERMAUS

Ich drehe lautlos
in meinem Türschloß
den Schlüssel um
wenn ich zu spät nach Hause komm
auch wenn im dunkeln
die Wände schunkeln
es gibt kein Brett auf dem Parkett
das mich verrät
das Abendessen
total vergessen
schleich ich gewandter
als ein Panther
in das Bad
keine Erklärung
schöne Bescherung
ich kann nur immer wieder sagen
es tut mir leid

Ich bring keinen Rosenstrauß
ich zieh mir mühevoll die Hosen aus
bring kein Geschenk mit
aus der Haute Couture
ich brauch ein prickelndes Getränk
bevor ich hör von dir
wo kommst du jetzt her?

Ich bin mir der Schuld bewußt
auch wenn du mich
schön langsam kennen mußt
ich reiß mir gern für dich den Haxn aus
aber in Vollmondnächten
find ich nicht nach Haus
da werde ich zur Fledermaus.

Fromm wie im Kloster
steh ich am Toaster
weil in der Früh
ich mich besonders gern bemüh
mit sanften Gesten
und dem Frischgepreßten
zieh ich den Zorn
aus dir heraus wie einen Dorn

Hoch mit den Gläsern
ich werd mich bessern
mit vollem Mund tue ich kund:
Ich leb gesund
sehr gut gesprochen
du kannst nur lachen

Fortsetzung von Seite 192

beim nächsten Vollmond
ist der Vorsatz für die Katz.

Ich schleiche mich nach Haus
und zieh mir mühevoll die Hosen aus
dann sagt zu dir
ein bleicher Biervampir
auch wenn wirs beide
nicht gern möchten
in den Vollmondnächten
werd ich zum Tier

Womit hab ich das verdient
andere Frauen werden mehr verwöhnt
die Prinzen in der feinen Wäsche
sind im Grunde auch nur Frösche
liebes Kind

Ich bin mir der Schuld bewußt
auch wenn du mich schön langssam
kennen mußt
ich reiß mir gern für dich den Haxn aus
aber in Vollmondnächten
find ich nicht nach Haus
da werde ich zur Fledermaus.

FLUCH DER ZEIT

Fast immer wenn ich früh aufsteh
such ich gern Trost auf UKW
da ist man immer gut gelaunt
mit einem affengeilen Sound

Man zwingt beschwingt
das Grau aus jedem Morgen
als gäbs auf dem Planeten
keine Sorgen

Es unterbricht die Heiterkeit
ein Gong mit der genauen Zeit
und man berichtet monoton
vom Balkan und vom Libanon

Um uns herum
fängt's langsam an zu dampfen
doch niemand denkt daran
sich zu verkrampfen
wenn die Flieder erblühn
jeden Frühling in Wien

Es fielen Troja, Jericho und Dubrovnik
wir hatten immer Glück
der stärkste Wall kommt
baut man ihn auch noch so dick
irgend einmal zu Fall

Es fielen
was man nie zuvor gesehen hat
Raketen auf Bagdad
der Garten Eden ist
was jeder ahnen kann
längst dürres Gras am Vulkan

Um alles nicht so schwarz zu sehn
ertönt ein flotter Evergreen
der böse Geister schnell vertreibt
doch dieses Unbehagen bleibt

Es fällt mir ein
das Schicksal von Atlantis
das uns nicht erst
seit Donovan bekannt is
doch wer denkt schon in Wien
daran unterzugeh'n

Es fielen Troja, Jericho und Dubrovnik
wie lang hält unser Glück
sind irgendwann
kann sein im nächsten Augenblick
vielleicht genauso dran

Man hatte
für Hiroshima und Tschernobyl
nicht mehr als Mitgefühl
und wenn geschieht
was jeder langsam ahnen kann
wer schnallt sich da noch an

Es brennen Städte
es brennen die Gemüter
vielleicht brennt irgendwo
ein schneller Brüter
na dann wirds erst schön
in dem goldenen Wien

Es fielen Troja, Jericho und Dubrovnik
Wien gibt es noch zum Glück
man sieht die Welt
um uns herum zugrundegehn
sehr schön auf CNN

Man schläft in Kairo oder in Jerusalem
schon lang nicht mehr bequem
für keine Seele
gibt es heut noch Sicherheit
es ist der Fluch der Zeit

GRIECHISCH UND LATEIN

Ganz hinten links im Klassenzimmer
steht jahrelang schon ein Klavier
hat keinen Spieler keinen Stimmer
ist nur zum Abtransport zu schwer.

Mein Platz ist in derselben Ecke
nicht alle Kinder werden gleich geliebt
ich weiß es wartet unter seiner Decke
daß meine Hand sich darunter schiebt

Die Schule ist aus
sie rennen nach Haus
doch ich bleib hier
bei meinem zahnlosen Klavier
ich fange an
was meine Hand
noch nicht verstehn kann
die Finger tun sich schwer
doch langsam fühl ich immer mehr

Musik wird mir mein ganzes Leben
die treueste Gefährtin sein
und meiner Seele
endlich eine Heimat geben
viel mehr als Griechisch und Latein

Der Schulwart drängt mich
schon zu gehn
sperrt hinter mir die Klasse zu
schüttelt den Kopf kann nicht verstehn
was ich mit dem Gerümpel tu
sollte die Zeit zum Lernen nützen
seit Stunden schon zu Hause sein
am Jahresende blieb ich wieder sitzen
und zwar in Griechisch und Latein

Denn wer nicht lernt was jeder muß
der lernt doch wenigsten den Blues

MIDLIFECRISIS

Die Männer in den besten Jahren
die die dicken Autos fahren
stehn auf der Karriereleiter
kommen nicht mehr weiter

Wahres Glück ist Kindersegen
spricht die angetraute Frau
doch in der Nacht auf schrägen Wegen
weiß ers nimmer so genau

Wenn das kein Beweis is
für die Midlifecrisis
wenn man schwitzt in die Händ
auch wenns gar nicht so heiß is

Wenn das kein Beweis is
für die Midlifecrisis
ich hab's gar nicht bemerkt
aber danke jetzt weiß ich's

Auf einmal pumpts in seinen Adern
und es zucken die Synapsen
sieht er schlanke Damenbeine
nach Möglichkeit in Strapsen
badet in Armani-Düften
legt die Hand um fremde Hüften
warum sollen Ehesklaven
nicht einmal woanders schlafen

Wenn das kein Beweis is
für die Midlifecrisis
wenn man schwitzt in die Händ
auch wenn's gar nicht so heiß is.

Wenn das kein Beweis is
für die Midlifecrisis
ich hab's gar nicht bemerkt
aber danke jetzt weiß ich's

Bevor sie in der Hosen lahmen
geh'n sie ins Haus der losen Damen
bei Kerzenlicht und bei Champagner
stell'n sie dann fest
Hurra ich kann ja!

Wenn das kein Beweis is
für die Midlifecrisis
ich hab's gar nicht bemerkt
aber danke jetzt weiß ich's

Die Wölfe in den grauen Fellen
brauchen Fleisch mit frischen Zellen
lauern schon an allen Ecken
in Cafes und Diskotheken
baggert er bei einem Model
grad so alt wie seine Daughter
tanzt er sich zu einem Trottel
bei „Smoke on the water"

Wenn das kein Beweis is
für die Midlifecrisis
wenn wer rechts überholt
und der Fahrer ein Greis is

Wenn das kein Beweis is
für die Midlifecrisis
ich hab's gar nicht bemerkt
aber danke jetzt weiß ich's

Wenn das kein Beweis is
für die Midlifecrisis
am Tag ein Kanari
in der Nacht Nosferari

Wenn das kein Beweis is
für die Midlifecrisis
ich hab's gar nicht bemerkt
aber danke jetzt weiß ich's

NULL ZU NULL

Wenn der Vater auf den Sohn steht
er mit ihm ins Stadion geht
denn so kriegen blasse Jungen
ein Gefühl für Sport und Spiel
ob der Knabe es bis zum Mann schafft
liegt am Kampfgeist seiner Mannschaft
außerdem stärkt es die Lungen
denn es wird immer viel gesungen

Und es brüllt die Meute
ein Tag so schön wie heute
der sollte nie vergehn
wir sind die Fangemeinde
wir wollen unsre Feinde
am Rasen bluten sehn

Es starten schon
die ersten Leuchtraketen
das strenge Schiedsgericht
beginnt vereint zu beten
und Bayern München – Liverpool
steht nach wie vor null zu null

Die Gäste diese schlappen Schwänze
sie scheitern an der Strafraumgrenze
weil es im Abwehrspiel der Bayern
nur Burschen gibt mit graden Waden

Da kommt die Flanke in die Mitte
und es läuft auch schon ein Brite
gleich darauf zu Boden geht er
das gibt leider jetzt Elfmeter

Und es brüllt die Meute
ein Tag so schön wie heute
der sollte nie vergehn
wir sind die Fangemeinde
wir fürchten keine Feinde
auch keinen Hooligan

Der Torwart der bisher
nie sehr viel Freunde hatte
er schwebt
und hebt den Ball über die Latte
und Bayern München – Liverpool
steht nach wie vor null zu null.

Es tobt das Volk und wird noch wilder
die Bullen heben ihre Schilder
die Gäste in den grünen Hosen
bewirft man jetzt mit leeren Dosen

Auf den Tribünen an den Flügeln
beginnen Hünen sich zu prügeln
es fragt der Sohn
der mit dem Vater sich enfernt
was hab ich heute gelernt

Und es brüllt die Meute
ein Tag so schön wie heute
der sollte nie vergehn
wir sind die Fangemeinde
wir fürchten keine Feinde
auch keinen Hooligan
und nach dem Spiel
trotz aller Nächstenliebe
kriegt manches Großmaul
noch eines auf die Rübe
man fragt sich was der Wirbel soll
es steht doch eh null zu null

SÜDAFRIKA

Wer je in die Savanne sah
so weit und doch dem Himmel nah
glaubt gern einen Gedanken lang
es gibt das Paradies noch
Gott sei Dank

Soweit das Auge reicht
kein Bild das dem an Schönheit gleicht
es fängt dich eine Stille ein
als würd man wirklich
nah am Himmel sein

Da – roter Staub am Horizont
es kommt ein Wagen
mit fünf Männern drinnen
groß und blond
ein dünner schwarzer Junge
läuft gehetzt vorn her
er stolpert über Steine
seine Beine werden schwer
als schließlich er
erschöpft zu Boden fällt

Wie durch ein Wunder
knapp vor seinem Kopf
der Wagen hält

Alles nur Spaß
die Männer grölen, trinken,
schießen in die Luft
dann kehrn sie fröhlich wieder um
weil ihre Party ruft

Nirgendwo anders
brennt die Sonne so heiß
wie in Südafrika
nirgendwo anders
sind die Götter so weiß
wie in Südafrika
in Südafrika

Kaum sind sie fort
wagt er es aufzustehn
und er läuft weiter so
als wäre nichts geschehn
von nun an
trägt er eine Waffe in der Hand
denn man hat ihm so zum Spaß
seinen Stolz herausgebrannt

Die Brüder
die am Rand der Straße stehn
sie können deutlich schon den Haß
in seinen Augen sehn
und seine grausame Entschlossenheit
der Himmel, der so nah schien
bleibt doch unerreichbar weit

Nirgendwo anders
brennt die Sonne so heiß
wie in Südafrika
nirgendwo anders
sind die Götter so weiß
wie in Südafrika
nirgendwo anders
tanzen Krieger sich heiß
wie in Südafrika in Südafrika

TOTE DICHTER

An welche Wahrheit soll man glauben
kann man das glauben was geschieht
wenn wir den Kindern
ihre letzten Märchen rauben
dann gibt es keinen mehr
der noch die Wunder sieht

Wir haben leider
viel zu viele tote Dichter
kaum mehr ein Mann
der träumen kann
wie Don Quichote
Denn wir haben leider
viel zu viele selbsternannte Richter
und einen alten heimatlosen Gott

Wer hält noch fest an Idealen
wer pflanzt noch einen Apfelbaum
wer fängt sie ein
die letzten Sonnenstrahlen
wenns nicht die Dichter tun
die Lästerer wohl kaum

Wir haben leider
viel zu viele tote Dichter
kaum mehr ein Mann aus Leidenschaft
wie Lanzelot
denn wir fürchten leider die Moral
der vielen heuchelnden Gesichter
vor einem alten heimatlosen Gott

Die Fantasie stirbt in Sekunden
ein Traum wird mühelos zerstört
ein fernes Ziel
ist schnell verschwunden
verliert die Freiheit der Idee
an Stellenwert

Ich will und kann mit den Gedanken
immer höher fliegen
wie Peter Pan steh ich
auch irgendwann am Abschußplan
denn wir haben leider viel zu viele
hirnverbrannte Schlächter
und einen alten erbarmungslosen Gott

WHISKY PUR

Es hält kein ewiges Versprechen
es bricht fast jeder Treueschwur
was sich nicht biegen läßt muß brechen
so grausam kennt man die Natur

Die Unschuld kann man nicht beteuern
es zählt kein Rechenschaftsbericht
läßt sich die Liebe nicht erneuern
sieht man sich wieder vor Gericht

Und doch mit ihr
hast du das erste Mal
den Ozean gesehn
und wolltest nie im Leben mehr
mit ihr
war es sogar noch
in der vollen U-Bahn schön
wie lang ist das schon her

Erst mit ihr
begann dein Leben
doch was ist davon geblieben
paßt das alles
in ein Glas mit Whisky pur
dann ist Liebe
eine Laune der Natur

Es hat die Ehe manche Regeln
die du ganz gerne übersiehst
macht sanfte Väter leicht zu Flegeln
aus manchem Engel wird ein Biest

Dann glaubt man
mehr und mehr den andern
und liegt wenn alle schlafen wach
zu lange mit der Herde wandern
macht nur die Instinkte schwach

Doch nur vor ihr
hast du geprahlt
mit deinem winzigen Gehalt
und alles war so leicht

Mit ihr
hat eine Kraft in dir
auf einmal sich geballt
und du hast jedes Ziel erreicht

sie hat dir soviel gegeben
doch was ist davon geblieben
paßt das alles
in ein Glas mit Whisky pur
dann ist Liebe
eine Laune der Natur

Glück heißt ewig sich zu lieben
doch was ist davon geblieben
paßt das alles
in ein Glas mit Whisky pur
dann ist Liebe
eine Laune der Natur

„RECYCLED"
(ALBUM, 1995)

HANDYMAN

Was du hast kein Handy
kein Mobiltelefon
kaum sagst: Du i kenn di
schon gehst du davon

Bei 0663 ist es keine Hexerei
du ziehst die Antenne raus
und schon machst du dir was aus

Handyman
the Handyman can
the Handyman can
weil mit an handy kennt man wen
um mit ihm Hand in Handy zu gehn

Was du hast kein D-Netz
sag wo ist dein Plafond?
Bevor ich mich noch hinsetz
läut schon's Telefon

Bei 0663 ist es keine Hexerei
du ziehst die Antennne aus
sag wann kommst du endlich z'haus
wo samma denn
des find' i net schön
i woat do scho seit zehn
i suach di in ganz Wien
im Herd mei' Henn die wird hin

Da sitzt juchhu im Subaru
ganz was „nah und frisches"
er denkt sich morgen erwisch ich's
auf ihrem Handy-Telephon

Was du hast kein Handy
kein Mobiltelephon?
Kaum sag i ich kenn di
schon bist du davon

Bei 0663 ist es keine Hexerei
du ziehst die Antenne raus
und schon mach ma uns was aus

DER WURM

Ein Wurm kriecht durch den Garten
er hat nicht viel zu tun
er muß nicht lange warten
dann frißt ihn schon ein Huhn

Dies Huhn g'hört meiner Oma
sie hat an Appetit
sie steht auf das Aroma
mit Ketchup und Pommes Frites

Beim allerletzten Bissen is'
auf einmal plötzlich stumm
jetzt wachst's auf ihrer Wiesen
es freut sich schon der Wurm

Dann kriecht er in den Schatten
er muß ein wenig ruh'n
ihr werd't es nicht erraten
es kommt auch schon ein Huhn

Jetzt wird erst die Sache heikel
denn ich frag mich bis zuletzt
wenn ich so herumrecycle
sag wo ist die Oma jetzt

Handyman
the handyman can
the Handyman can
weil mit an Handy kennt man wen
um mit ihm Hand in Handy zu gehn

Man kommt gut an mit Mobilphone
besonders bei den Mädels
doch man hat ka Zeit zum Blödeln
denn es wart die Nächste schon

Hallo, hallo sprech ich mit Lintschy?
kann ich Lintschy, hallo bist da's du
Lintschy…?

Da Handyman
Ja hallo, da Dings weißt eh,
der mit dem kleinen, der also
der mit dem kleinen neuen Handy,
mit dem weißt eh,
mit dem kleinen neuen Handy
Was?

Du mußt ein bißchen lauter sprechen
mein Akku ist leer
mein Aaakku, mein AAAAA mein
AAAAA
so a Kuh

ICH KANN KEINE NOTEN

Ein Lehrer der Gitarre
gibt mir Unterricht
Nimmt mich an die Kandare
bis der Wille bricht
ich soll ein Menuett spielen
von einem Notenblatt
weil alles andere er mir verboten hat

Trotz allergrößter Mühe
klingt es grauenvoll
ich frag'
wann spiel'n wir endlich Rock'n'Roll

Zuerst lernst du einmal Noten
mit mehr Respekt vor den Toten
Rock'n'Roll ist verboten
es gibt keinen Blues
keinen Boogie Woogie und keinen Jazz
als erstes lernst du einmal das

Vivaldi war gigantisch
der Mozart ein Genie
der Schubert Franz romantisch
dilettantisch das bin ich

Ich kann keine Noten
ich kann keine Noten
ihr könnt mich verspotten
aber das lerne ich nie

Sehr bald habe ich bemerkt
ich sitze im falschen Zug
mein Lehrer mich bestärkt
er hatte auch genug
er sagt mir nur ich habe keine Spur
von einem Talent
und was noch viel viel schlimmer ist
zwei linke Hände
vielleicht probierst es einmal
mit einem Klavier
doch eines lieber junger Freund
das rate ich dir

Lern zuerst einmal Noten
mit mehr Respekt vor den Toten
Rock'n'Roll spielen Idioten
diese Musik
ist doch ein fürchterlicher Krach
gegen Mendelsohn und Bach

Ein Keyboard hat viele Tasten
ein paar davon sind schwarz
drisch eine in den Kasten
vielleicht kommst in die Charts

Dann brauchst keine Noten
dann sind sie wie die Motten
und sie schwärmen für dich
nein nein
dann brauchst du keine Noten
weil dann spielst nach Banknoten
spielen sie dich einmal auf MTV

OTHELLO

Ich steh sehr auf mei' Alte
mei' Alte steht sehr auf mich
ihr Anblick ist eine Freude
doch leider nicht nur für mich

Da werd ich zum Othello
da spielt sich alles schnell ab
da reiß ich eam den Schädel ab
ganz schnell

Meine Alte hat einen Bikini
da bin ich manchmal ganz baff
doch manchmal glaub ich
jetzt spinn ich
da schaut so ein anderer Aff'

Da werd ich zum Othello
da spielt sich alles schnell ab
da reiß ich eam den Schädel ab

WAS WAR DA IN DEM TEE DRIN

Was war da in dem Tee drin
sag einmal was machst du mit mir
daß ich a so in der Höh bin
mein Kopf ist leicht
nur meine Füße san so schwer
ich mache mir um morgen
bestimmt keine Sorgen
ich tät sogar mei' Harley verborgen
ich laß mir heut unheimlich vü Zeit
und tu nur das was mich freut

Was war da in dem Tee drin
sag einmal was machst du mit mir
daß ich a so in der Höh' bin
mein Kopf ist leicht
nur meine Füße sind so schwer
ich werd bestimmt
heut nicht Auto fahr'n
ihr haltet mich
sicher nicht zum Narren?
Ich bleibe heut gemütlich zu Haus
und schau bei meinem Fenster raus

Ich mache heute keinen Schritt
Ich mach nicht den Wahnsinn mit
ist heut die Welt a doppelt schön
geh' tu bitte noch was in mein' Tee

Show

Auszüge aus den Drehbüchern der „Nix is Fix"-Shows. Von Rainhard Fendrich sowie Dieter Chmelar, George Deffner, Heinz Marecek, Rudi Nemeczek, Michael Niavarani, Kurt Pongratz und Fritz Schindlecker

Bei Tourneen vorgetragene Zwischentexte. Von Rainhard Fendrich

Schwarzenegger

Seine allererste „Nix is fix"-Show im Dezember 1992 ließ Rainhard Fendrich von Arnold Schwarzenegger eröffnen – pardon, von sich selbst, der er als Terminator-Parodie mit dem Motorrad vor einer Explosion samt Feuermauer davonsauste…

Griaß eich God, i gfrei mi, daß si amol das deutschsprachige Fernsehen für meine künstlerische Tätigkeit da in Hollywood interessiert und umekommen is. Wir drehn da grod den Terminator sechs – des is wieder so a Movie, wo i mi deppert verdiena werd. A unhamliche Action: Also zum Schluß zreißt's mi donn sölber vur lauter Kroft, und natürli a mit ana unhamlichn Comedy. Die Kids müssen imma so lochn, wenn i dem Verbrechergsindel mit meina Pumpgun den Schädl wegblosn tua.

Neben meina künstlerischen Tätigkeit hob i natürlich auch an Kulturauftrag für olle Amerikaner in spurtlicher Hinsicht, und überhaupt für olle Leit auf da gonzn Wölt, aber der Bush-Schurli, der is jo jetz in Pension und drum konn i mi amoi um meine österreichischen Londsleit kümmern.

Fendrich in der Schwarzenegger-Maske

I gfrei mi, daß i bei der Fendrich-Show dabei bin, mit der er an solchen Erfolg hat, obwoi er a so an schlaffn Körper hot. Weil spätestens bis ins Jahr 2000 müssen olle Österreicher fit sein.

Der Adel-Stadel. Eine Blitz-Com.

Aus der Show „Nix is Fix 3" vom Jänner 1995.

Die Personen und ihre Darsteller:
Emily, das Stubenmädchen - Peter Strobl
Artur, Freiherr vom Nußbaumer - Heinz Marecek
Henriette vom Nußbaumer - Rainhard Fendrich
Comtess Gerda - Michael Niavarani

Unter der Signation liegt ein Auszug des Fendrich-Lieds „ES IST EIN ALPTRAUM OHNE STAMMBAUM", nämlich:

Es ist ein Alptraum ohne Stammbaum,
man fühlt sich wie der letzte Abschaum,
es fehlt der Ton, die Tradition,
es fehlt das VON.

Henriette: Stell'n S' Ihna vor, Comtess Gerda, mein Artur hat mir zum Geburtstag so einen Televisions-Apparat g'schenkt. (lauter) Geh'n S', Emily, sperr'n S' des Kastl auf! (flüsternd zur Comtess) Wissen S', ich muß ihn über d'Nacht immer zusperren, weil sonst schaut sich der Artur immer hamlich diese frivolen Nackt-Filme an.

Die Kasteltüren gehen auf, damit auch das Bild! Der riesige Emilykopf gibt den Blick frei auf die Gesellschaft mit Sitzgarnitur, Teetischerl, Hofrats-Idylle.

Alle: Ahhhhhhh....

Comtess Gerda: Was für ein Schirm! Sind Sie verkabelt?

Henriette: Na, scho lang nimmer!

Comtess: Ah, Sie empfangen durch a Schüssel?

Henriette: Mehr oder weniger... (dann lauter) Artur! Artur, du kannst jetzt einschalten.

Artur (nach langer Teilnahmslosigkeit und Regungslosigkeit auf der Couch wird er wie von einem Weckruf ereilt, schreckt aus seiner Senilität auf und drückt auf der Fernbedienung herum)

Henriette: Net, bitte, net! Den ROTEN Knopf!

Heinz Marecek, Peter Strobl, Rainhard Fendrich und Michael Niavarani als degenerierte Adelsfamilie

(Artur findet diesen endlich, es entsteht eine Fußball-Geräuschkulisse)

Alle (erst): Ahhhhh. *(dann plötzlich nur die Damen):* Ahhhh, Uhhhhh.

Henriette (nachsichtig bis angewidert): Mein Gott, er schaut des so gern. *(dann verschwörerisch zu Comtess Gerda):* Das ist eine proletarische Komponente, die ich an ihm bis dato nicht kannte...

Artur: Wer spüt denn do?

Henriette: Österreich-Ungarn!

Artur: Und gegen wen?

Henriette: Artur! Wir sind eine Demokratie!

Artur: Deswegen brauchst mi net so anzuschrein, Henrietterl! Ich hör sehr gut! Ich habe ein neues Hörgerät.

Gerda: Na geh, ma merkt aber garnix.

Artur: Ja, weil das ist ein Mini-Empfänger, der ins Innenohr einoperiert wird und hier *(greift sich zunächst wie irrtümlich aufs Gemächt und wandert dann mit der Hand an die Seitentasche)* und hier hab ich den Verstärker!

Gerda: Hör'n S' auf. Wos kostn des?

Artur (mit Fingerzeig aufs Gerät unwirsch): Na Null zu Null.

Henriette (tadelnd, fordernd): Geh, Artur, schalt um. Des interessiert doch kan Menschen!

(Artur tut dies, aber mehr als notwendig)

Henriette (zu Comtess vertraulich): Also Channel-Hopping macht ihm ja a Riesenfreud'!

Comtess (mehr zu sich, spöttisch): Wahrscheinlich das einzige, wo er noch sprungbereit is.

(Während dessen hat Emily Tee serviert und Artur greift ihr unter den Rock)

Artur (läßt dabei genüßlich die Hand am wunden Punkt von Emily): Das hab ich gehö-ört!

(Emily klopft auf seine Hand, Henriette macht eine wegwerfende Geste)

Henriette: Artur, mach dich nicht lächerlich! Find amol an gscheiten Kanal!

Artur (schaltet blitzschnell, spricht dazu listig und spitzbübisch): Bin grad dabei.

(akustisch und durch höllischen Widerschein aus dem Fernseher auch optisch spürbar: Militärische Szenen)

Henriette: Artur, kein Kriegsfilm!

Artur: Das sind die Nachrichten, Henriette.

(Lachen aus dem Fernseher wie aus SitCom)

Comtess Gerda: Sag'n S', was ist denn das? Was lachen die denn alle über so an Schwachsinn?

Henriette: Na, des is a SitCom!

Gerda: Was ist des? SitCom?

Henriette: Na, da ane sitzt, da andere kommt.

Gerda: Und die vorm Fernseher stehn auf und gengan furt.

Henriette: Apropos. Emily! Ich brauch Sie heut nimmer, gell.

(Emily löst sich von Artur, der darob sofort die Hand auf die Fernbedienung fahren läßt und herumzappt)

Artur: No, oba a Bett-Hopperl geht si schon no aus!

(nun akustischer Kanalsalat mit jeweils zweisekündigen Atmo-Breaks, mit denen die Gesellschaft mit unterschiedlichen mimischen, akustischen und körpersprachlichen Stilmitteln korrespondiert.
Endlich ertönt die deutsche Bundeshymne, als ARD-Sendeschluß von Signalwirkung.)

Die Damen unisono: Na endlich was Gscheites!

(denn: Artur springt auf, setzt sich den Kaiserhut auf, steht stramm und salutiert).

Die Biologiestunde

Aus der Show „Nix is fix" 2 vom November 1993.
Mit Rainhard Fendrich und Heinz Marecek.

Einmoderation Rainhard Fendrich: In jeder Fernsehshow gibt es eiserne Gesetze, und eines dieser Gesetze heißt: Man braucht etwas fürs Herz. Einen sentimentalen Hotpoint, wie die Amerikaner sagen. Ein großer Kollege von mir versteht das sehr gut. Er pflegt in solchen Situationen immer zu sagen: „Meine Damen und Herren, ich möchte Ihnen jetzt einen Freund vorstellen, den ich seit 20 Jahren nicht mehr gesehen habe."
Machen wir das anders: Meine sehr verehrten Damen und Herren, ich möchte Ihnen meine Freundin vorstellen, die ich seit 20 Jahren nicht mehr gesehen habe. Meine alte Schulbank! Mädchen, wie hast du dich verändert. Wir waren beide in der letzten Reihe. Und was für James Bond der Wagen war, war für mich meine Schulbank. Wir waren ja ausgerüstet... diese Spickzettel, wo sind sie denn, diese Spickzettel. Also wir haben immer Gummibandeln gehabt, Gummischnürln. Wenn der Lehrer gekommen ist: zapp! Es sind auch Inschriften hier: Lintschy ist geil. So ein präpubertäres… Der Logarithmus wo jeder mit muß. Ich hab früh schon gedichtet. Hofpichler ist ein sadistischer Sau... kann man nicht mehr lesen. Professor Hofpichler... Oberstudienrat Hofpichler war unser Klassenvorstand. Wir hatten ihn in Deutsch, in Geschichte und in Biologie. Er hatte die Angewohnheit, alle drei Fächer gleichzeitig zu unterrichten, und hat mich gehaßt wie die Pest. Und ich bin ihm nichts schuldig geblieben. Eines Tages hab ich aber den Bogen überspannt, es war der Tag, an dem ich ein frivoles Magazin in den Biologieunterricht schmuggelte.

Oberstudienrat Hofpichler: Fendrich... F E N D R I C H! Was tun Sie da?

Schüler Fendrich: Nichts.

Oberstudienrat Hofpichler: Ha, genau das ist es! Sie tun nichts. Statt daß Sie in meinem Unterricht mitmachen, tun Sie nichts.

Schüler Fendrich: Wenn Sie wüßten, was ich in Ihrem Unterricht mitmache!

Oberstudienrat Hofpichler: Stehen Sie gefälligst auf, wenn ich mit Ihnen rede. Wawawas haben Sie da?

Schüler Fendrich: Nichts.

Oberstudienrat Hofpichler: Nichts, immer sagen Sie nichts. Das nützt Ihnen nix mehr bei mir. Ich sehe alles, ich weiß alles, ich höre alles. Hat es schon geläutet? Was haben Sie da in der Tasche?

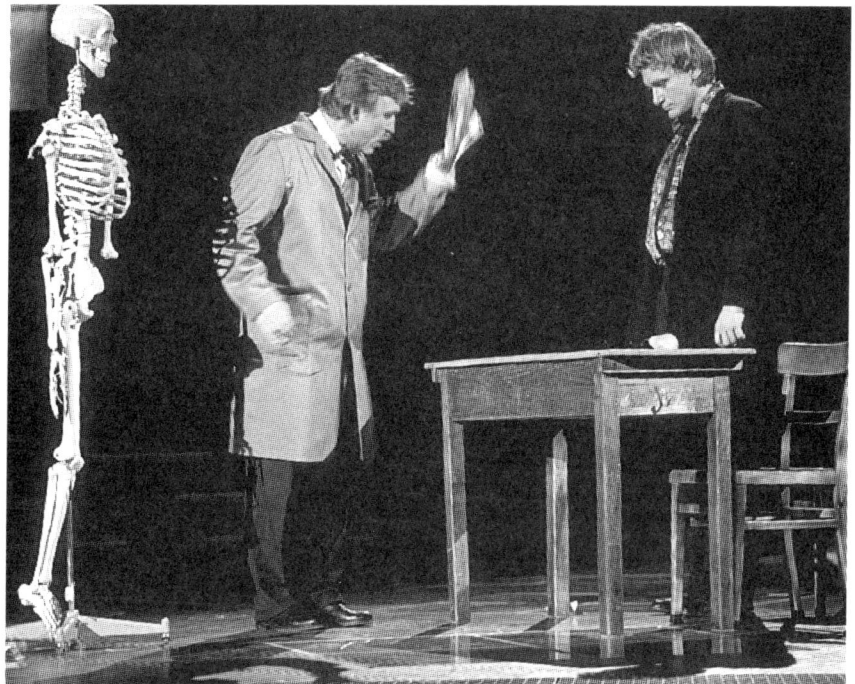

Heinz Marecek und Rainhard Fendrich als Professor und Schüler

Schüler Fendrich: Niiichts.

Oberstudienrat Hofpichler: Sie haben doch irgend etwas eingesteckt. Ich seh' doch eine Taschenlampe oder wawawas hängt darunter... Oder lesen Sie heimlich Romane in meinem Unterricht?

Schüler Fendrich: Nichts Herr Fessa.

Oberstudienrat Hofpichler: Und reden Sie mich gefälligst mit Oberstudienrat an.

Schüler Fendrich: Jawohl Herr Ober...studienrat.

Oberstudienrat Hofpichler: Ich habe eine Frage gestellt.

Schüler Fendrich: Das ist Ihr gutes Recht, Herr Oberstudienrat, weil die Frage hat den Vorteil, daß der Unterricht zum Dialog zwischen Schüler und Lehrer wird.

Oberstudienrat Hofpichler: Hören Sie auf mit diesem Schwachsinn, mit diesem Geschwafel versuchen Sie mich abzulenken. Ich habe eine klare einfache Frage gestellt, laut und deutlich. Die ganze Klasse hat sie gehört.

Schüler Fendrich: Die ganze Schule hat sie gehört.

Oberstudienrat Hofpichler: Nur Sie nicht, Fendrich. Und was schließen wir daraus?

Schüler Fendrich: Daraus schließen wir, daß weit mehr als 90% der Schüler dieser Schule diese Frage gehört haben.

Oberstudienrat Hofpichler: Nur Sie nicht. Und wissen Sie warum nicht? Weil Ihr Gehirn, falls es gelegentlich so was ähnliches wie Gedanken produziert, sich mit ganz was anderem beschäftigt.

Schüler Fendrich: Wir könnten die ganze Angelegenheit ganz leicht aus der Welt bringen, indem Sie die Frage wiederholen.

Oberstudienrat Hofpichler: Wiederholen, wiederholen, wiederholen. Glauben Sie, ich bin Ihr Privatlehrer, nur weil Sie nie bei der Sache... gut, gut... also die Frage war der Unterschied zwischen Mann und Frau.

Schüler Fendrich: Ja also die die die Frau ist...

Oberstudienrat Hofpichler: Nicht deuten, Sie sollen das mit Worten erklären!

Schüler Fendrich: Der Mann ist größer als die Frau.

Oberstudienrat Hofpichler: Große Frau, kleiner Mann.

Schüler Fendrich: Die Frau ist hübscher.

Oberstudienrat Hofpichler: Fendrich, wir haben gerade das menschliche Skelett durchgenommen. Betrachten Sie dieses Skelett. Handelt es sich um einen Mann oder um eine Frau?

Schüler Fendrich: Stellt sich die Frage nicht schon ein bißchen spät?

Oberstudienrat Hofpichler: Sparen Sie sich Ihre blöden Kommentare. Betrachten Sie das Skelett. Ist es männlich oder weiblich?

Schüler Fendrich: Das Skelett ist weiblich.

Oberstudienrat Hofpichler: Woran erkennen Sie das?

Schüler Fendrich: Das steht da unten drauf.

Oberstudienrat Hofpichler: Ich werde Ihnen etwas sagen. Nicht jedes Skelett, das Ihnen in Ihrem Leben begegnet, ist beschriftet. Betrachten Sie das Skelett, was können Sie sehen.

Schüler Fendrich: Ja, nix. Es ist ja alles schon weg.

Oberstudienrat Hofpichler: Die Schambeinäste bilden im weiblichen Becken einen stumpfen Winkel.

Schüler Fendrich: Die Glücklichen.

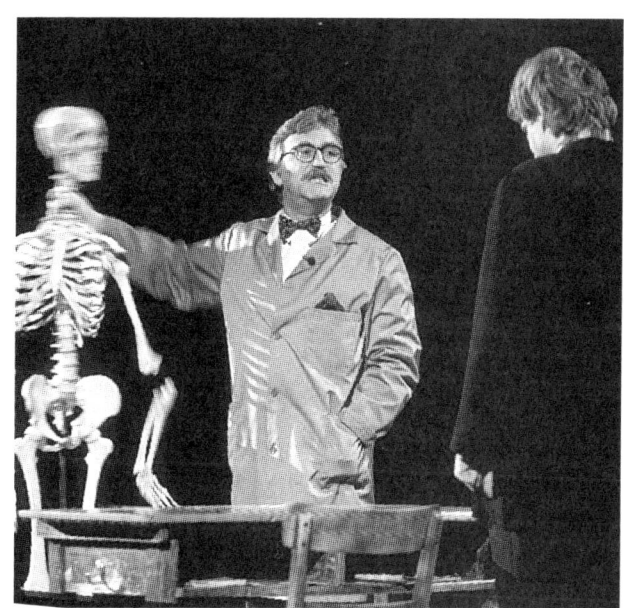

Oberstudienrat Hofpichler: Und im männlichen einen spitzen.

Schüler Fendrich: Das können Sie mit freiem Auge erkennen?

Oberstudienrat Hofpichler: Ihnen werden Ihre blöden Witze vergehen, Fendrich. Spätestens nächste Woche, wenn ich Sie über den gesamten Jahresstoff prüfen werde. Aber nicht

Heinz Marecek und Rainhard Fendrich als Professor und Schüler

nur in Biologie. Nein, nein, ich werde Sie auch in Geschichte und in Deutsch prüfen. Und Gnade Ihnen Gott, wenn Sie da nicht vorbereitet sind.

Schüler Fendrich: Ich habe eh gelernt, Herr Professor.

Oberstudienrat Hofpichler: Ich bezweifle, daß es für einen positiven Jahresabschluß reichen wird. Ich könnte Sie nämlich allerhand fragen, Fendrich. Ich könnte Sie z.B. fragen, wieviele Knochen hat der Hai?

Schüler Fendrich: Gar keine, weil er ist ein Knorpelfisch.

Oberstudienrat Hofpichler: Welcher Vogel sieht dem Storch am ähnlichsten?

Schüler Fendrich: Die Störchin.

Oberstudienrat Hofpichler: Was versteht man unter Myose?

Schüler Fendrich: Die Reifeteilung.

Oberstudienrat Hofpichler: Die Phasen der Zellteilung?

Schüler Fendrich: Prophase, Metaphase, Anaphase, Telophase.

Oberstudienrat Hofpichler: Alle: Prophase, Metaphase, Anaphase, Telophase. Was ist am endoplasmatischen Redikulum?

Schüler Fendrich: Die Riposomen.

Oberstudienrat Hofpichler: Was heißt DNS?

Schüler Fendrich: Desoxyribonukleinsäure

Oberstudienrat Hofpichler: Wann wurde Shakespeare geboren?

Schüler Fendrich: Am 26. April 1564 in Stratford-upon-Avon.

Oberstudienrat Hofpichler: Wann ist er gestorben?

Schüler Fendrich: Am 23. April 1616 in Stratford-upon-Avon.

Oberstudienrat Hofpichler: Wann hat er den Sommernachtstraum geschrieben?

Schüler Fendrich: Davor.

Oberstudienrat Hofpichler: Wann ist die Titanic gesunken?

Schüler Fendrich: 1912.

Oberstudienrat Hofpichler: Wieviele Menschen sind dabei umgekommen?

Schüler Fendrich: 1517

Oberstudienrat Hofpichler: Die Namen der Ertrunkenen?

Schüler Fendrich: Pfffffffffffffff....

Oberstudienrat Hofpichler: Sehen Sie, Fendrich, man braucht nur ein bißchen an der Oberfläche kratzen, und das vorgetäuschte Wissen bricht wie ein Kartenhaus zusammen. Und wissen Sie warum? Weil Sie sich während meines Unterrichts unter der Bank mit unterrichtsfremden Dingen beschäftigen. Heraus damit, was ist da drinnen? Aber schau, was ist das?

Schüler Fendrich: Das kennen Sie nicht? Das ist eine Birne.

Oberstudienrat Hofpichler: Was macht die in der Bank?

Schüler Fendrich: Sie schimmelt, Herr Oberstudienrat.

Oberstudienrat Hofpichler: Das sehe ich.

Schüler Fendrich: Ich habe mir gedacht, weil wir doch nächste Woche die Fäulnisbewohner durchnehmen, wäre es ein wertvoller Beitrag für den Unterricht.

Oberstudienrat Hofpichler: Ja, das ist interessant. Man kann deutlich den grünlich bläulichen Schimmelpilz erkennen. Versuchen Sie mich nicht schon wieder mit Ihrem Geschwafel abzulenken. Ich habe nämlich deutlich gesehen, daß Sie unter der Bank in einem Farbmagazin geblättert haben, und versuchen Sie mir nicht einzureden, daß das was mit Biologie zu tun hat. Heraus damit. *(Zieht ein Sexheft aus der Bank.)* Unglaublich. Das ist ja unglaublich, wie Sie die moralischen Grundfesten eines humanistischen Gymnasiums da erschüttern. Sie, Sie Pharisäer Sie! Ah, Fendrich. Der liebe Gott sieht alles.

Schüler Fendrich: Und bei mir regen Sie sich auf.

Oberstudienrat Hofpichler: Glauben Sie mir. Der Herr Direktor wird eine Riesenfreude haben, wenn ich ihm das zeige.

Schüler Fendrich: Das kann ich mir vorstellen. Aber er muß es mir wieder zurückgeben, weil ich habe es mir auch nur ausgeborgt.

Peter Hofmann

Aus der Show „Nix is fix 1" vom Dezember 1992.

Rainhard Fendrichs Einmoderation auf seine Peter Hofmann-Parodie.

„The Sun Aint Gonna Shine Any More..."

Es gibt ja diesen vielzitierten Konflikt zwischen der U-Musik und der E-Musik, also E wie Erhaben, Edel und U wie Unterhaltung, Untergeordnet, Ungut, Unnötig. In der U-Musik verwendet man die Technik. Also man hat hier ein Mikrophon und man kann sich auch eines künstlichen Halls bedienen. Wenn wir vielleicht einmal einen Hall machen? (*singt:*) Are you lonesome tonight…

Das ist ganz einfach. Da braucht man überhaupt keine Stimme zu haben. (*Applaus*) Vielen Dank. Sie haben sehr viel Geschmack. In der E-Musik braucht man eine eigene Technik. Es ist z.B. vollkommen unmöglich, als Opernsänger mit dem Unterleib drehende Bewegungen zu machen; den Unterleib braucht man zur Atmung. Man braucht überhaupt den ganzen Körper inklusive des Unterleibs zur Atmung. Drum gehen die Sänger auf der Bühne auch immer so aufrecht herum, um den Resonanzkasten nicht zu beeinträchtigen.

Ich habe auch eine klassische Gesangsausbildung. Ich wollte immer zur Oper. Ich wollte immer Heldentenor werden, aber leider Gottes ist meine Eustachische Röhre zu klein. Die Eustachische Röhre ist ein Verbindungsstück zwischen dem Innenohr und dem Rachenraum.
Ich möchte jetzt einmal die richtig klassische Tonerzeugung vorführen: Also das

Wichtigste ist, daß man sich vollkommen entspannt, vor allem das Gesicht muß vollkommen entspannt sein. Je entspannter der Künstler, desto heldischer der Tenor. (Applaus) Und jetzt muß man… Moment… ich sage Ihnen, wenn Sie applaudieren sollen. Und dann muß man jetzt die Luft einziehen, d.h. inhalare la voce. Hier in den Rücken atmen, warum ist mir vollkommen unklar, aber es ist so. Und dann durch Heben und Senken des Zwerchfells die Stimmlippen in Schwingung bringen, dann entsteht ein Ton. Ich werde es jetzt versuchen, muß mich konzentrieren.

(Er singt einen hohen, langanhaltenden Ton. Das Teeglas auf dem Klavier zerspringt in tausend Stücke.)

Ja, aber nicht nur die Popsänger träumen davon, ernst genommen zu werden – es gibt auch große, große Operntenöre, die wirklich Triumphe gefeiert haben an der Mailänder Scala und an der MET, und sie sind sich nicht zu gut, uns auch in den Charts heimzusuchen und in schlecht klimatisierten Hallen, wie z.B. hier, sich von der leichten Muse verführen zu lassen. Wie zum Beispiel Peter Hofmann.

Band spielt: „The Sun aint gonna shine any more."

Rainhard Fendrich als Peter Hofmann

HunZblatt

Drehbuch-Auszug für eine „Herzblatt"-Parodie der dritten Fendrich-TV-Show „Nix is fix" vom Jänner 1995.

(Signation)

(mit Knochen statt Pfeil durchs Herz – HUNZBLATT)

(Auftritt Fendrich nach Signation)

Kamera-Zufahrt (von hinten) über Saalpublikum (Hunde mit wedelnden Schweifen) auf Rainhard Fendrich. Die Anfangsmoderation sollte von zwei bis drei Kameras eingefangen werden.

Fendrich: Wenn ich so in die Runde schau, kann ich nur eins sag'n: W O W! Willkommen in der B e l l *(kurzes Bellen aus dem Saal)* Etage deutscher Fernsehunterhaltung! HunZ-Blatt bringt Stimmung in jede Hütte! Ui, da wern sich a paar wieder aufpudeln. Aber eins sag ich Ihnen: *(Umschnitt: Fendrich direkt in die Kamera)* Sie kommen auch noch in mein Gassi! Nun aber ohne Umschweife *(Zwischenschnitt auf freudig wedelnden Hundeschwanz im Saal)* zur ersten Runde. Hier sind sie: Drei stadtbekannte Streuner. Bitte hecheln, meine Damen! *(kleinster Hund schafft nicht den Sprung auf den Stuhl)*

Fendrich: Na, wo is das Körberl? Mach schön Platz! Darf ich Sie bitten, daß Sie sich kurz vorstellen, Kandidat 1?

Hund 1: Ich heiße Kai-Uwe, bin fünf Jahre alt und arbeite als Terminator im Außendienst.

Fendrich: Na klar: im Außendienst. Wahrscheinlich, weil Sie niemand ins Haus läßt... Und Ihre Hobbies?

Hund 1: Nur ein bißchen markieren. Zu mehr reicht's nicht. Ich mach' mich eben selbstständig. Ein eigenes G'schäft. Ich sag Ihnen: Knochenarbeit...

Fendrich: Wahrscheinlich wird's ein Schnellimbiß... Und Sie, Kandidat 2, wie heißen Sie?

Hund 2: Also, g'rufen werd ich Bello. Aber darauf hör' ich net. Ich hab ja an Stammbaum, net wahr. Bellheim! Ich bin der kleine Bellheim. Sieben Jahr, kan Floh im Haar'...

Fendrich: Und beruflich?

Hund 2: Beruflich? Ich glaub, Sie scherzen. Ich bin Sohn! Meine Eltern arbeiten.

HunZblatt statt Herzblatt...

Fendrich: So ein feiner Pinkel. Ich glaub fast, Sie räuspern sich, bevor Sie bellen...

Hund 2 (räuspert sich)

Fendrich: Wir sind bei Kandidat 3. Und bei dem können wir's ja kurz machen... Welche Rasse?

Hund 3 (der Zwerg, aufmüpfig): Ich bin der Mega-Mops!

Fendrich: Na freilich! Mega-Mops! Ha!

Hund 3: Was gibt's da zu lachen? Sie glaub'n ja auch, Sie sind der Gottschalk!

Fendrich: Woher kommen Sie denn, weil man kann ja schwer sagen: Wo sind Sie aufgewachsen?

Hund 3: Ich komm aus der Plattenbranche. Ich spiel immer Mini-Playback. Als Little Richard. Sagen S' ruhig Ritchie zu mir. Sie wissen ja, Raini: Jeder hat einmal klein angefangen...

Fendrich: Aber nicht jeder kommt groß raus!

(Auftritt Kandidatin)

Fendrich: Groß rauskommen. So wie unsere Kandidatin auf der anderen Seite der Wand: Emmanuelle aus Afghanistan! Also mich wundert's net, wenn bei Ihnen die Herren vor Begeisterung aufspringen... Was tun Sie dafür?

Hündin: Ich halte dagegen.

Fendrich: Jetzt zu Ihren Fragen, Emmanuelle.

Hündin: Kandidat 1, wenn du eine tolle Hundedame auf der gegenüberliegenden Straßenseite witterst, würdest du blindlings über die Straße laufen?

Hund 1: Ich bitt' Sie, ich bin ja kein Blindenhund. Ich warte nur auf den nächsten Bus und ramme ihn. Sag Haltestelle zu mir!

Hündin: Und du, Kandidat 2?

Hund 2: Ich kratz mich höchstens dezent hinterm Ohr – am besten vor einer Auslag' für Diamanthalsbänder. Funktioniert immer glänzend, sowas.

Hündin: Was würdest du tun, Kandidat 3?

Hund 3: Ich nehm die nächste Abkürzung. Durch den Kanal.

Hündin: Wir haben ein Rendezvous und ich habe schrecklichen Hunger. Was tust du für mich, Kandidat 2?

Hund 2: Vorher oder nachher? Ich reservier unter einem Tisch. Im 3-Hauben-Lokal. Ich kenn den Koch dort. Wir hatten einmal einen gemeinsamen Floh.

Hündin: Kandidat 3?

Hund 3: Ich opfere mich.

Hündin: Und was tust du, Kandidat 1?

Hund 1: Also – mit Katzen würd ich Whiskey saufen.

Hündin: Stellen wir uns einmal vor, rein theoretisch natürlich: Wir hatten was miteinander. Am nächsten Tag treffen wir uns. Beide an der Leine. Wie reagierst du? Kandidat 3?

Hund 3: Da werd ich zum Rambo am laufenden Band. Und bring dir auch noch einen Strauß Blumen mit. Gänseblümchen.

Hündin: Und du, Kandidat 1?

Hund 1: Es kommt ganz auf die Nacht an, die wir hatten. Wenn du überhaupt noch gehen kannst, dann wirst du dich losreißen. Ich geb dir dann einen Termin in den nächsten Tagen. Schlag bitte nicht an, ich melde mich schon. An jeder Ecke warten zehn. Dafür hab ich einen Riecher, Süße!

Hündin: Und du, Kandidat 2, bleibst du an der Leine und ignorierst mich?

Hund 2: Spitz deine Ohren, du Blondinenwitz: Bei mir liegt die Latte standesgemäß hoch. Ich bin ja kein Hund für gewisse Stunden. Ich sag dir nur: Bussi, baba und foi net!

Fendrich: Und wir bitten jetzt den Hund von Susi um die Zusammenfassung.

Die Kandidatin und der Moderator

Susi (aus dem Off): So, Emmanuelle, jetzt mußt du dich entscheiden! Möchtest du Kandidat 1, den ganzen Kerl vom Außendienst, der am Tag danach nur noch neue Weibchen riechen kann? Oder Kandidat 2, der auch unterm Tisch des Nobel-Lokals die Nase hoch trägt und vom Stammbaum auf dich herabblickt? Oder Kandidat 3, der für dich mit Gänseblümchen durch den Kanal geht und nichts als dein Opfer sein will?

Hündin: Kandidat 3!
(Abgang der Durchgefallenen)

Fendrich: Jetzt bitten wir Kandidat 1 zu uns. Man kommt heut' nicht mehr an als

Die Parodie wurde in den Original-Herzblatt-Kulissen gedreht.

Dobermann! Und gleich dahinter Kandidat 2. Kein blondes Madel steht heut' mehr auf den alten Adel! Ihr Abtritt, Durchlaucht. Oder besser gesagt: Ciao, Bello! Hier aber, Emmanuelle, ist Ihr HunZblatt!

(*HunZblatt-Wand geht auf*)

(*Die Große und der Kleine, Zusammentreffen mit hängenden Zungen. Gegenseitiges Beschnüffeln. Riesenapplaus*)

(*Ziehung der Reise*)

Fendrich (hält dem glücklichen Paar drei Umschläge hin): Und wohin wird Sie unser HunZblatt-Hubschrauber bringen? Schnappen Sie bitte nach einem Kuvert.

(*dies geschieht*)

Fendrich: Ihr beide fliegt nach Tirol. Und zwar für ein ganzes Wochenende in der Wurstfabrik.

(*Rückblick auf frühere Reisen*)

Fendrich: Und wir blicken noch rasch zurück auf unsere letzten Sendungen. Während sich... *

(Insert kommt mit Foto- oder Filmbeleg: Eber schnauft und läuft auf Kamera zu, Gegenschuß: Schwein galoppiert auf und davon)

...bei GrunZblatt kein Schwein fürs andere interessierte, gab's bei...

(Insert kommt mit Foto- oder Filmbeleg: Hengst bespringt Stute, Bild bleibt am Schluß eingefroren, starkes Wiehern)

...PferZblatt ein tierisches Happy End.

Der Opernballreport

Aus der Show „Nix is fix" 2 vom November 1993.

Rainhard Fendrich steht als Opernballreporter an der Rampe der Staatsoper und berichtet über verschiedene ankommende Gäste, die ebenfalls alle von ihm dargestellt werden.

Fendrich als Opernball-TV-Moderator

Einmal im Jahr strahlt die Wiener Staatsoper in festlichem Glanze.

Einmal im Jahr ist sie Brennpunkt der Welt. Es ist die Nacht der Nächte, der Ball der Bälle, der Ort der Orden, wo sich die Prominenz aus aller Herren Länder ein Stelldichein gibt.

Da seh ich auch schon einen der ersten Stammgäste:

König Hatschi Halef Ben Nissan Pullmann Kar, den ein schwerer Schicksalsschlag nach der Anschaffung seines dritten privaten Jumbo-Jets ins harte Exil trieb. Jetzt muß er vom Luganer See aus seine Wohltaten unters Volk streuen.

Und hier schon die nächste Vorfahrt, das könnte der Bundeskanzler sein. Vielleicht beim Reden schreiben. Nein, nein ich seh' einen Überraschungsgast, es ist der frisch ins Amt gekommene südamerikanische Präsident Frank Miamimosa. Wie immer Zielscheibe zahlreicher Sympathiekundgebungen.

Und jetzt im Scheinwerferlicht die Limousine von, die Limousine von… ah ein treuer Gast des Opernballs, der weit über Salzburg hinaus berühmte Filmregisseur Franz Grantel, in Begleitung seiner Frau Raffael… nein, nein, ich korrigiere, es ist doch eher seine Neuentdeckung Violetta Kathedrale, mit der der ewig junge Starregisseur die Stufen hinaufschwebt.

Die Stimmung am Ring, wie immer äußerst positiv, ja wen sehe ich da? Es ist, ja die russische Großfürstin Ivanka Kalaschnikova die Vorletzte. Sie hat heuer wieder anspannen lassen, sie ist ja eine x-fach verheiratete Stiefschwester der letzten ledigen Zarentochter und nach wie vor beliebt bei alt und jung, wenn auch mit 90 Jahren die Kräfte schon ein bisserl nachlassen.

Meine sehr verehrten Damen und Herren, liebe Freunde des Opernballs im In- und Ausland, die Sie an ihren Satelliten dabei sind, der Opernball ist für mich das älteste und bedeutendste Clubbing der Welt.

In wenigen Minuten wird der Herr Bundespräsident mit der Fächerpolonaise den Ball eröffnen. Hier heraußen unzählige begeisterte Wienerinnen und Wiener, die es verstehen, den Opernball auf ihre Weise zu feiern. *(Er wird mit faulem Obst beschmissen)*.

Fendrich als großzügiger Scheich (links) und launische Diva beim Opernballbesuch

Salon Gerda (1)

Aus der Show „Nix is fix" 1 vom Dezember 1992.

Der Salon Gerda ist ein typisches Vorstadtfriseurgeschäft. Kitschige Tapeten – diverse Werbeplakate – das Brummen einer Trockenhaube wird untermalt von einem leisen Julio Iglesias. Chefin ist Gerda (Michael Niavarani).
Unter der Trockenhaube sitzt Frau Direktor Nußbaumer (Rainhard Fendrich), eine neureiche Dame mittleren Alters. Sie ist über und über mit Geschmeide behängt und studiert eine Frauenillustrierte.

Nußbaumer: Frau Gerda. Frau Gerdaaaaaaaaaaa.

Gerda: Ja ich komme ja gleich. I kum glei.

Nußbaumer: Wollen Sie mich toasten?

Gerda: Aber nein.

Nußbaumer: Diese Trockenhaube ist eine Heizkanone.

Gerda: Aber nein.

Frau Gerda nimmt Haube ab.

Nußbaumer: Na ja, ist ja wirklich wahr. Da kriege ich solche Wallungen.

Gerda: Jesus, haben Sie schon wieder Wallungen?

Nußbaumer: Ich vertrage die neue Pille nicht.

Gerda: Ja, das ist ein Jammer, wirklich.

Nußbaumer: Aufpassen.

260

Gerda: Ich passe ja auf.

Nußbaumer: Zupfen S' net immer so herum.

Gerda: Ja.

Nußbaumer: Um Gottes willen. Das soll blond sein? Ich habe Ihnen ausdrücklich gesagt, ich möchte die gleiche Haarfarbe haben wie Steffi Graf in der Spaghettiwerbung, wo sie so die Nudel in der Hand hat und sagt: „Das ist der Beginn einer kochenden Leidenschaft!" Ich schau aus wie die Pippi Langstrumpf.

„Damen" beim Friseur: Rainhard Fendrich und Michael Niavarani

Gerda: Das ist Aztekengold.

Nußbaumer: Aztekengold, so ein Blödsinn. Meinen Arthur wird der Schlag treffen, wenn er das sieht.

Gerda: Er wird nicht der erste sein, den der Schlag trifft.

Nußbaumer: Wenn das eine Anspielung sein soll auf meinen verblichenen Erstehemann, war das sehr geschmacklos. Es ist nicht leicht für eine Rose, wenn sie, noch bevor die Knospe zur Blüte reift, schon zur Witwe gemacht wird.

Gerda: Was hat er denn gehabt, der Verblichene?

Nußbaumer: Eine Damenblusenfabrik und eine Villa in Monte Carlo.

Gerda: Nein, ich meine, was hat ihm gefehlt?

Nußbaumer: Ein Swimmingpool.

Gerda: Nein, worunter hat er gelitten?

Nußbaumer: Unter mir.

Gerda: Woran er gestorben ist, will ich wissen.

Nußbaumer: Es war ein Unfall.

Gerda: Jesus, nein.

Nußbaumer: Ich war gerade dabei, das Dinner zuzubereiten. Rinderhaschee im Paprikamantel.

Gerda: Gefüllte Paprika.

Nußbaumer: Boeuf de Präservative Paprika. Wir haben sehr viel französisch gesprochen.

Gerda: Aber geh.

Nußbaumer: Und ich wollte dazu Butterkartofferl machen. Ich habe zu meinem Mann gesagt, er soll in den Keller gehen und mir Kartoffeln holen. Und er geht hinunter über die Treppe in den Keller, stürzt, bleibt regungslos liegen. Saltomortale.

Gerda: Ja und, was haben Sie gemacht?

Nußbaumer (weinend): Was werde ich gemacht haben. Einen Reis habe ich gemacht. Ich habe nicht gewußt, daß er so hoch verschuldet ist, der Ferdinand. Ich habe alles verloren: die Villa, die Damenblusenfabrik und den ganzen Schmuck. Ich wäre noch ins Armenhaus gekommen, wäre mir nicht eines schönen Tages Herr Direktor Nußbaumer über den Weg gelaufen. Also ich meine mein jetziger – Arthur. Flitterwochen haben wir verbracht auf einer Schönheitsfarm. Ich habe mir ein Facelifting machen lassen.

Gerda: Aber geh.

Nußbaumer: Weil wo die Cremen nicht mehr helfen, muß der Onkel Doktor her mit diesen, na wie heißt denn das scharfe Ding, wo man die Schönheitsfehler korrigieren kann?

Gerda: Guillotine.

Nußbaumer: Sie sind ekelhaft, Frau Gerda.

Gerda: Aber nein, ich bin doch nicht ekelhaft.

Nußbaumer: Ich habe immer noch eine Haut wie ein siebzehnjähriger…

Gerda: Pfirsich.

Nußbaumer: Filmstar.

Gerda: Na und der Herr Gemahl, hat er sich auch liften lassen?

Nußbaumer: So ein Blödsinn. Der Arzt hat ihm dreimal täglich Schlammbäder verschrieben. Das soll sehr gut sein in seinem Alter. Warum weiß ich eigentlich auch nicht.

Gerda: Na damit er sich früh schon an die Erde gewöhnt.

Nußbaumer: Der Arthur ist noch sehr rüstig, noch sehr agil. Wir machen jedes Jahr noch eine große Reise. Heuer waren wir in Rom.

Gerda: Um Gottes willen, in Rom. Nein, das ist nichts für mich. Diese Hitze dort, nein, und dann diese vielen Römer.

Nußbaumer: Ist überhaupt nicht wahr. Es war ein mildes Klima und ich liebe es. wenn eine Stadt pulsiert.

Gerda: Na, und womit sind sie hingeflogen?

Nußbaumer: Na mit einer italienischen Fluglinie.

Gerda: Um Gottes willen, eine italienische Fluglinie. Nein, das ist nichts für mich. Das ist nichts, nein, diese ewigen Verspätungen, und die Stewardessen sind auch so unfreundlich.

Nußbaumer: Ist überhaupt nicht wahr. Wir sind pünktlich gelandet. Die Stewardessen waren reizend.

Gerda: Und wo haben Sie gewohnt in Rom?

Nußbaumer: Wo werden wir gewohnt haben? Im Astoria haben wir gewohnt.

Gerda: Um Gottes willen, im Astoria. Nein, das ist nichts. Diese kleinen Zimmer und das schlechte Essen.

Nußbaumer: Ist überhaupt nicht wahr. Wir sind in einer Suite abgestiegen und das Essen war hervorragend.

Gerda: Und was haben Sie gemacht in Rom?

Nußbaumer: Wir waren bei der Papstaudienz.

Gerda: Um Gottes willen, eine Papstaudienz. Nein, diese vielen Leute, da steht man stundenlang steht man da in der Schlange. Bis man endlich dran ist, ist der Heilige Vater eh schon wieder weg.

Nußbaumer: Stimmt überhaupt nicht. Ich weiß nicht, was Sie da erzählen. Es war eine kleine Gruppe von Menschen, der Heilige Vater hat sich für jeden von uns Zeit genommen.

Gerda: Aber geh.

Nußbaumer: Er ist auf mich zugeschritten, ich habe mich niedergekniet. Er hat mir die Hand aufs Haupt gelegt.

Gerda: Und was hat er gesagt?

Nußbaumer: Um Gottes willen, wer hat denn Ihnen die Haare geschnitten?

Salon Gerda (2)

Aus der Show „Nix is fix" 2 vom November 1993.

(Frau Nußbaumer läßt sich pediküren, hat einen Fuß im Lavoir, der andere liegt auf Frau Gerdas Knien, Frau Nußbaumer hat die Illustrierte „Das Ohr der Frau" in der Hand)

Nußbaumer: Hören Sie auf mit dem Kitzeln! Das hält doch kein Mensch aus! Bitte!

Gerda: Frau Nußbaumer, es muß das Hühnerauge weg, sonst passen Sie nicht mehr in Ihre Ballschuhe hinein.

Nußbaumer: Ja, aber deswegen könnten Sie trotzdem ein bisserl sanfter umgehen mit meinen japanischen Teefüßen.

Gerda: Ja, mit diesen japanischen Teefüßen können Sie einen Waldbrand am Fudschijama austreten.

Nußbaumer: Geh, Sie sind ja nur neidig, weil Sie von der Natur nicht so reich beschenkt wurden wie ich.

Gerda: Ja, stimmt. Ich habe an der Taille bedeutend weniger.

Nußbaumer: Meine Mutter hat zu mir immer gesagt: Kind, hat sie gesagt, Kind, um dich mach ich mir keine Sorgen. Deine Schönheit ist dein Kapital.

Gerda: Ach geh, und wie haben Sie das Kapital so schnell durchgebracht?

Nußbaumer (ist empört)

Gerda: Sagen Sie, apropos durchbringen. Auf was für einen Ball gehen Sie überhaupt?

Nußbaumer: Wir gehen heuer auf den Ball der Wiener Gebrauchtwagenhändler.

Gerda: Aber geh.

Nußbaumer: Ja. Wir sind eingeladen von Herrn Kommerzialrat Gruber von der Firma Mitsibushi.

Gerda: Sie gehen gar nicht auf den Opernball?

Nußbaumer: Hören Sie auf mit dem Opernball. Ein Gedränge ist das. Der Arthur hat nicht einen einzigen Orden. Der schaut aus in seinem nackerten Frack wie ein Kellner. Letztes Jahr haben die Leute dauernd gerufen „Zahlen, bitte, zahlen, bitte!"

Gerda: Und was haben Sie gemacht?

Nußbaumer: Na 25.000 Schilling Umsatz ohne Trinkgeld. Außerdem sind da so viele Ausländer. Man versteht kein Wort mehr. Man ist irgendwie nicht mehr unter sich. Ich weiß nicht, wo die alle herkommen.

Gerda: Aus der Uno-City.

Nußbaumer: Ja, aber alle auf einmal?

Gerda: Schauen Sie, das ist doch das Schöne an Wien. Ich meine, Wien war immer schon ein Schmelztiegel der Nationen. Das ist es ja, was den Charme dieser Stadt so ausmacht.Denken S' doch die Husaren, die früher immer Czsardas getanzt haben in der Monarchie.

Nußbaumer: Ja in der Monarchie! In der Monarchie!

Gerda: Haben Sie gewußt, daß in Österreich jede zweite Familie ausländisch ist?

Nußbaumer: Hören S' auf!

Gerda: Ja. Denken S' zum Beispiel nur an den Herrn Bundeskanzler…

Nußbaumer: …Sinowatz.

Gerda: Nein, nicht der. Der auch. Aber ich meine den, den jetzigen, den Vranz…

Nußbaumer: Den Franz, Franz Vranitzky.

Gerda: Genau den!

Nußbaumer: Sie haben recht. Sie haben vollkommen recht. Es fällt mir wie Schuppen aus den Augen. Sinowatz, Kreisky, Vranitzky. Also wenn Sie mich jetzt so ad hoc fragen: Mir würde jetzt gar kein Politiker mit einem deutschen Namen einfallen.
Gerda: Waldheim! Sagen Sie, wie heißen Sie eigentlich?

Nußbaumer: Nußbaumer, fragen Sie nicht so blöd!

Gerda: Nein, ich meine mit Mädchennamen.

Nußbaumer: Na auch Nußbaumer!

Gerda: Na, ich meine, wie der Herr Gemahl heißt.

Nußbaumer: Ja, auch Nußbaumer. Er hat meinen
Namen annehmen müssen.

Gerda: Aber geh. Und wie
hat er als Mädchen
geheißen?

Nußbaumer: La Fontaine.

Gerda: Na sehen sie:
französisch!

Nußbaumer: Aber wo.
Früher hat er Springwasser
geheißen. Es kann ja nicht

Fendrich & Niavarani beim Friseur

jede so eine reinrassige Wienerin sein wie Sie.

Gerda: Aber geh, hören Sie auf. Ich bin ja eigentlich, also eigentlich bin ich ja halbe
Perserin.

Nußbaumer: Ist das wahr?

Gerda: Jaja, meine Mama hat sich keinen echten Perser leisten können, und da hat
sie einfach einen geheiratet. Ich bin ja in Teheran aufgewachsen.

Nußbaumer: Ihre Mutter hat einen Perser… Sie sind in Te… Sie können Persisch?

Gerda: Ja.

Nußbaumer: Ja, aber in Persien da sind doch diese, da sind doch diese Perser. Diese
Murln, diese Nomaden, diese Mohammedaner.

Gerda: Ja, na meine Mutti und ich, wir sind ja auch zum Islam übergetreten.

Nußbaumer: Übergetreten? Ja wieso denn?

Gerda: Ja wissen Sie, mein zukünftiger Mann, das ist ein Araber.

Nußbaumer: Sie sind verlobt?

Gerda: Ich bin versprochen.

Nußbaumer: Es liebt Sie jemand?

Gerda: Er hat mich gekauft.

Nußbaumer: Gekauft!? Um was den?

Gerda: 20 Araber.

Nußbaumer: Männer?

Gerda: Aber nein. Hengste. Araberhengste, die Pferderln. Und eine Basketball-mannschaft.

Nußbaumer: Haben Sie denn soviel Platz zu Hause?

Gerda: Mein zukünftiger Mann ist ein arabischer Prinz!

Nußbaumer: Ein Priiinz?

Gerda: Ja. Abdulibntankwartbeiaral.

Nußbaumer: Und wieso nimmt er Sie?

Gerda: Weil ich noch Jungfrau bin.

Nußbaumer: Und da sind Sie die einzige in Wien gewesen!

Gerda: Gewesen, ja gewesen.

Nußbaumer: Na, der muß ausschauen.

Gerda: Der schaut hervorragend aus. Wissen S' der schaut aus wie der Omar Sharif.

Nußbaumer: Der ist auch schon sechzig.

Gerda: Aber nein. Wie der Omar Sharif in Doktor Schiwago.

Nußbaumer: Na, der wird Ihnen nicht lange bleiben. Das kann ich Ihnen jetzt schon sagen. Der wird beim Skiurlaub wieder eine jüngere kennenlernen . Und aus ist es mit der Liebe. Man weiß ja, daß die da unten alle mehrere Frauen haben. Und wie ist denn das überhaupt so mit mehreren Frauen?

Gerda: Aber gehen Sie. Das ist doch wunderbar. Schauen Sie, wenn Sie Ihr Arthur mit einer anderen Frau betrügt, dann erfahren Sie das entweder gar nicht oder zu spät. Ich hingegen kenne meine Nebenbuhlerin und kann mich mit ihr zusammentun.

Nußbaumer: Sie haben recht. Zwei Frauen können auf einen Mann viel mehr Druck ausüben als eine.

Gerda: Außerdem leben wir ja gar nicht in einem Zelt, sondern in einem riesengroßen wunderschönen Palast. In der Früh, da werde ich immer von orientalischen Klängen geweckt. Und dann tragen mich zwölf starke Eunuchenhände ins Bad.

Nußbaumer: Frau Gerda, Fräulein… muß ich jetzt eigentlich Prinzessin sagen?

Gerda: Wenn S' Ihnen nicht zu sehr weh tut.

Nußbaumer: Sagen Sie, was ist ein Eunuch?

Gerda: Na ja, das ist ein man light!

Nußbaumer: ????

Gerda: Ist ja egal. Also, dann werde ich einbalsamiert mit so wunderbar schönen duftenden Ölen. Da werde ich überall so einbalsamiert und dann werde ich angekleidet werde ich, angekleidet und dann setze ich mich in mein Cabrio, fahre tanken, umsonst natürlich. Na ja und dann geht's zum Shopping in den Bazar. Wissen Sie, mein Prinz der ist sehr großzügig.

Nußbaumer: Sagen Sie, Sie wissen nicht zufällig, wo man sich da umtaufen lassen kann?

Gerda: Was? Sie wollen doch nicht behaupten, daß Sie sich vorstellen könnten, in einem Harem zu leben!

Nußbaumer: Nicht ohne meine Mutter!

Vortext Strada del sole

Vorgetragen bei der Tournee 1980

Ich hab ein Lied geschrieben über Papagalli. Dieses Lied wird oft mißverstanden als Denunzierung eines Landes. Falsch. Man schimpft auch nicht auf Österreich, nur weil sich die Wiener im Ausland nicht benehmen können. Es ist eine Parodie auf den obligaten italienischen Sommerschlager, auf das italienische Papagallitum. Wenn man so betrachtet, wie die braungebrannten Jünglinge mit den weißen Jeans ohne Unterhosen drunter auf die Mädchen aus dem Norden warten, um sie auf den heißen Stränden dann... naja, da weiß man ja den Rest... und eine Parodie auf den typischen Österreicher, der, kaum ist er im Ausland, über alles zu schimpfen anfängt, was ihm nicht in den Kram paßt. Im Hotel rennen ihm die Ameisen über den Bauch, Schnitzel gibt's auch keine.

Und das Schwierigste bei dem Ganzen war: Ich kann überhaupt nicht italienisch. Ich hab versucht, verschiedenen Berühmtheiten wie Umberto Stozzi oder Adriano Cello auf die Lippen zu sehen, und bin draufgekommen: Das Wichtigste am Italienischen ist – es ist alles im Hals. Es muß alles mitschwingen. Signoriquesto vampevereni... das heißt überhaupt nichts, klingt aber unheimlich italienisch. Die Tragik bei dem Ganzen ist, daß meine Mischung aus dem Italienischen und Wienerischen ins Unverständliche abgleitet und des öfteren als Fremdsprache identifiziert wurde. Ich muß da einige erklärende Worte dazu sagen.

Es handelt sich um einen jungen Mann, den ich sehr gut kenne, der mit seiner Freundin nach Italien gefahren ist, um dort Urlaub zu machen, und die ist ihm mit einem Italiener davongelaufen. Mittlerweile hat sie fünf Kinder! Er steht jetzt an der Strada del sole, ist seines Passes und seines Geldes verlustig, flucht vor sich hin und träumt von seinem Gänsehäufel, das ist das größte österreichische Strandbad mit 60.000 Besuchern. So. Signoressignori, questo tan tom iceripametotitofrancesvo lagitarrenaturavomiva, errenandofiverafsicolenomiamioprepotente, una cantate italiana, Strada del sole.

Vortext Schickeria

Vorgetragen bei der Tournee 1980

Wie wir in der Schule gelernt haben, sind ja alle Menschen gleich. Und doch kommt es vor, daß wir in der Bevölkerung verschiedene Schichten vorfinden. Merkwürdig, nicht? Da haben wir als unterste, wenn wir das so überschlagsweise betrachten wollen, die arbeitende Klasse, die wir in Wien liebevoll Proleten oder Hackler nennen. „Hackeln" heißt „arbeiten", dazwischen folgt eine Mittelschicht, die je nach Gehaltsklassen mit dem Hubraum ihres PKWs eingestuft wird, und dann ganz oben schwimmt, diese Creme, diese Creme de la Creme, wir nennen sie in Wien Hautevolee oder Schickeria. Ich war vor einiger Zeit in München, dagegen ist Wien ein Dorf. Ich hatte das Vergnügen, meinen ersten rosa Porsche Turbo zu sehen, vor einer Discothek. Ich hatte nicht das Vergnügen, mit diesen Leuten in Kontakt zu treten.

Aber vor einiger Zeit war dann doch diese unheimliche Begegnung der dritten Art möglich. Ich steh da so in einem Wiener Schickerialokal durch eine Anhäufung von verschiedenen unglücklichen Zufällen. Ich steh so an der Bar, fadisiere mich vor mich hin, plötzlich schüttet mir so ein sehr braungebrannter Mann ein Glas Sekt über meine Lederjacke und sagt: „Das macht nichts." Wir haben uns gleich auf Anhieb gut verstanden. Ich weiß nicht, ob er Pierre Cardin geheißen hat, aber es ist auf seinem Anzug obengestanden. Er war von Beruf Sohn und war meistens damit beschäftigt, in der Welt herumzureisen. Er hat mir erzählt von den tiefen Wäldern Kanadas, Lachsfischerei und Bärenjagd, ich hab ihm erzählt von unserem Waldviertel, Ackerbau und Viehzucht, also wir haben immer irgendwo Gemeinsamkeiten gehabt. Er war natürlich auch ungeheuer sportlich, er war österreichischer Juniormeister im 400-Meter-Damen-Brust-Kraulen, regierender Staatsmeister im Aquaplaning, und ich hab mir gleich gedacht, daß das alles nicht sehr gesund sein kann, denn er hat mir dann gestanden, daß er seit vierzehn Tagen einen Hängegleiter hat. Hab ich gesagt naja, das kann jedem einmal passieren, ich weiß da einen guten Arzt. Sagt er, ich soll nicht so blöd sein, er hat einen Drachen zu Hause. Sag ich, wenn ich einen Drachen zu Hause hätte, hätt ich auch einen Hängegleiter. Der hat das mißverstanden, glaub ich, und der wollte sich mit mir dann auch nicht mehr unterhalten, und ich hab diese Stille und dieses peinliche Schweigen ausgenützt, um ein Lied zu schreiben. Ein Lied über unsere Schickeria in Wien.

Vortext Bodybuilder

Vorgetragen bei der Tournee 1980

Die Badehose bringt es an den Tag. Der Mann der achtziger Jahre ist zu fett. Keine Spur mehr vom Muskel der Antike, nichts mehr vom animalischen Wuchs der Frühzeit, kraftlos hängt der Körper in seidenen Anzügen. Man kann gerade noch die Zigarette zum Munde führen oder den ersten Gang seines Zwölfzylinders einlegen. Der Intellekt hat über das Fleisch gesiegt, leider.

Es sollte uns stutzig machen, wenn wir bemerken, daß die Damen damit beginnen, Tarzanfilme geradezu zu verschlingen und in irgendwelchen veralteten Anatomiebüchern nachzublättern.

Vollkommen zwecklos wäre es, laut schreiend auf Vorzimmerlustern zu schwingen oder sich nach dem Essen demonstrativ gegen die Brust zu trommeln. Ganz abgesehen von Verdauungsstörungen könnte man damit nicht über körperliche Unzulänglichkeiten hinwegtäuschen.

Vielmehr sollte man durch intensives Training die Fasern zu neuem Leben erwecken. Was läge da mehr auf der Hand, als eines jener Institute aufzusuchen, wo man noch richtige Männer züchtet. Zugegeben, für nicht wenig Geld, aber es ist ja auch nicht einfach, aus einem runden Weißen einen schwarzen Neger zu machen.

Vortext Sekt & Kaviar

Vorgetragen bei der Tournee 1983

Der Konflikt zwischen Mann und Frau entsteht nicht dort, wo sie sich voneinander unterscheiden, sondern dort, wo sie gleich sind: nämlich im Hirn.

Eine intelligente Frau hat Millionen Feinde, nämlich alle dummen Männer. Ihr wurde von der Natur zuviel Macht gegeben, vom Gesetz zu wenig. Bekämen zum Beispiel die Männer die Kinder, wäre Abtreibung sicherlich ein Sakrament.

Besonders der Mann in den besten Jahren, die Tiroler sagen, „er ist im zweiten Saft", entbehrt oft nicht einer gewissen Komik, oft sind es Männer in den höchsten Positionen, die sich in diesem Alter vom heimischen Herd wegstehlen und sich wieder zum Jäger und Sammler rückentwickeln.

Es beginnt mit leichten Sportanfällen, hilflosen Abmagerungskuren und wichtigen geschäftlichen Tagungen auf Ibiza.

Und sie kehren erst dann reumütig in den sicheren Hafen zurück, wenn so manches Abenteuer nur als teurer Abend endete.

Vortext Ich bin ein Negerant…

Vorgetragen bei der Tournee 1983

Geld zählt zu den wichtigsten Bestandteilen unseres Lebens, denn Geld ist Macht, obwohl die Macht der Gewohnheit auch die Macht zur Gewohnheit macht. Es macht zwar nicht glücklich, soll aber beruhigen. Stinkt nicht und ist nur in den Taschen der anderen schmutzig. Die Blüte erfreut sich nicht so großer Beliebtheit, dafür aber um so mehr die Zinsfrucht.

Künstler, auf ihr Geld angesprochen, werden meist verlegen und machen sich dadurch schon verdächtig, ausschließlich nach Banknoten zu spielen.

Geld muß immer noch durch Arbeit verdient werden, und Musik hat ja, wie man weiß, so gut wie gar nichts mit Arbeit zu tun. Es ist aber nicht bekannt, daß ein Publikum schon einmal gezwungen wurde, in ein Konzert zu gehen, mit Ausnahme der Kritiker. Die haben fast jeden Abend eine Art Zwangsvorstellung.

Geld ist auch eine extrem fetthaltige Substanz und daher sehr gut als Schmiermittel zu verwenden.

Wenn Politiker besonders glänzen, dann liegt das meist an dem Ölfilm, der sie umgibt. Sie laufen aber Gefahr, bei zu häufiger Schmierung plötzlich etwas schmierig zu wirken.

Dann wird ihnen der Kopf gewaschen, doch aus der weißen Weste bekommt man Schmierflecken sehr schwer heraus, nicht einmal mit einem starken „Scheckputzmittel".

Nicht selten passiert es auch, daß der Schmierende plötzlich der Angeschmierte ist. Für solche Fälle empfiehlt es sich, stets ein Handtuch und Seife dabei zu haben, um seine Hände jederzeit in Unschuld waschen zu können. Auch so manches Geldinstitut ist bei derartigen Ölgeschäften schon ziemlich ins Schleudern gekommen. Darum haben Banken ja von vornherein vergitterte Fenster, damit sich die Direktoren daran gewöhnen können.

Die Mutantenrede

Vorgetragen bei der Tournee 1983 als Einleitung zu dem auf Platte unveröffentlichten Lied „Gift"

Liebe Mutanten und Mutantinnen!

Wir schreiben jetzt das Jahr 500 nach dem großen Blitz und sind an einem Punkt angelangt, an dem wir uns ernsthafte Gedanken über die Zukunft machen sollten. Die Maßlosigkeit und der Raubbau, den wir mit so lebensnotwendigen Grundstoffen wie Atommüll betreiben, wird nicht ohne Folgen bleiben, wir können nicht nur unsere Vorfahren dafür verantwortlich machen, weil sie zuwenig Kraftwerke und Kernwaffen gebaut haben, nein, unsere Verschwendungssucht läßt die so notwendigen Strahlenschätze, die uns unsere Lebenskraft und Gestalt geben, langsam aber sicher zur Neige gehen. Die Zeiten, in denen wir uns sorglos die Seuche auf den Bauch haben strahlen lassen, sind endgültig vorbei.

Was passiert, wenn wir dieser tragischen Entwicklung keinen Einhalt gebieten, können wir uns an den sieben Fingern unserer mittleren Hand abzählen.

Es ist bekannt, daß unsere Obermutanten wie zum Beispiel „Ronald Saurer Reagan" sehr gerne ihre Stielaugen vor dieser Tatsache einziehen und so tun, als ob alles halb so schlimm wäre, aber wir dürfen uns nicht länger den Rüssel verbieten lassen, es muß geröchelt werden, was geröchelt werden muß.

Wir können nicht mehr einfach so dahinvegetieren, solange der Abfall reicht. Wie lang wird es sie noch geben, unsere geliebte „Mutter Asche" mit ihren rußigen Tälern, den verträumten radioaktiven Hügeln und den bunt glänzenden Öllacken, die uns Freude und Erholung schenken. Seitdem die Strahlung nachläßt, ist alles aus dem Gleichgewicht geraten. Augenzeugen berichteten, daß sogar die uns umgebende dichte Nebelschicht bereits an verschiedenen Stellen einzureißen beginnt, so daß das gräßliche Blau des Himmels zum Vorschein kommt, ebenso beginnt sich der Planet wieder mit diesen grünen Substanzen zu überziehen, die unseren Urvätern als „Pflanzen" bekannt waren. Sie produzieren das sehr gefährliche und absolut vernichtende Giftgas SAUERSTOFF.

Erschüttert müssen wir feststellen, daß eine niedere Form dieser Gewächse, bekannt als „Gras", bei unseren Jung-Mutanten gar nicht so sehr auf Ablehnung stößt, da sie sich durch das Einatmen der giftigen Dämpfe in einen lustvollen Rauschzustand versetzen und dadurch nicht nur kampfunfähig werden, sondern auch an den für uns so wichtigen Faustkeil- und Blasrohrproduktion herumkritisieren. Wir haben es hier mit einem echten Degenerationsproblem zu tun, und die Kiberanten werden ein waches Facettenauge darüber haben müssen. Wohin haben wir uns nur treiben lassen? Machtlos müssen wir also zusehen, wie unsere Nachkommen ihr schützendes Fell verlieren und ihre Kiefer schon so schwächlich werden, daß sie nicht einmal mehr in der Lage sind, alte rostige Ölfässer aufzubeißen. Bald werden sie beginnen, sich aufgerichtet fortzubewegen und sich durch nichts mehr von jenen nackten Affen zu unterscheiden, die vor unendlich langer Zeit auf diesem Planeten hausten und die durch ihre Lebensunfähigkeit zum Aussterben verurteilt waren. Wenn wir einmal den ersten Vogel zwitschern hören, wissen wir, daß es zu spät ist.

GIFT

Wenn i aufwach nimm i a Tabletterl
weu i meistens übermüdet bin
wia von selber fetzt's mi aus'n Betterl
eine in an Liter Koffein

Nach dem Frühstück
brauch i meine Tropfen
gegen Haarausfall
und Zahnfleischschwund
dann ein Zapferl
weu die Tropfen stopfen
das steck ich mir aber nicht in Mund

In die Hack'n fahr i mit mein' Wagen
da schluck' ich mei erstes Valium
weu mia platzt
a bisserl leicht der Kragen
i hab Angst i bring an Taxler um

Gift Gift Gift Gift Gift Gift Gift
wir brauchen Gift verdammtes Gift
legales Gift

Im Büro bin i dann wieder locker
stundenlang häng i am Telefon
leer' mar obe fünf sechs klane Mokka
zwischendurch vielleicht a Captagon

Vor dem Mittagessen
kommt ein Kapserl
das den Appetit ein wenig hemmt
nachgespült wird dann
mit einem Schnapserl
weu sonst is der Magen ganz vergrämt

Gift Gift Gift…

Nachher nehm ich
rasch noch eine Pille
daß der Darm nicht allzu träge wird
zum Dessert die Vitaminpastille
die den Körper revitalisiert

Gegen Abend bin ich wie erschlagen
gänzlich ausgelaugt total erschlafft
doch es gibt für jedes Unbehagen
die Pille die es wieder schafft

Gift Gift Gift…

Durch die Pillen wird das Leben bunter
denn sie bringen dich wohin du magst
amoe rauf und amoe wieder runter
manchmoe a soweit
daß d' nix mehr sagst

Gift Gift Gift…

Das Mitteilungsheft

Vorgetragen bei der Tournee 1985

Mitteilungsheftkorrespondenzen zwischen meinem Klassenvorstand, meinem Vater und mir.

17. Oktober an meinen Vater:

Sehr geehrter Herr Fendrich!
Die Lebhaftigkeit Ihres Sohnes Rainhard irritiert ein wenig den reibungslosen Unterrichtsfluß. Ständig schwätzt er mit seinen Kameraden und wetzt herum, außerdem zeigen sich markante Schwächen im Diktat.
Lobend sei jedoch erwähnt sein erstaunliches Wissen auf dem Gebiet der Gräser und Blumen sowie der heimischen Fauna. Was jedoch keineswegs seine katastrophale Rechtschreibung entschuldigt.
Ich bitte um Kenntnisnahme
Der Klassenvorstand

Zur Kenntnis genommen
Fendrich

***
23. November 1965

Sehr geehrter Herr Fendrich!
Als vergangene Woche jeder Schüler ein Tier in den Naturgeschichtsunterricht mitbringen durfte, kam Ihr Sohn mit einem rohen Ei in die Schule. Er meinte, es war Ihre Idee. Ich möchte Sie höflichst darauf aufmerksam machen, daß wir noch lange nicht beim Embryonalstadium angelangt sind und ein willkürliches Vorgreifen den Heranwachsenden in seiner natürlichen Entwicklung stören könnte.
Bitte um Kenntnisnahme
Der Klassenvorstand

PS.: Ihr Sohn liest Perry Rhodan im Religionsunterricht und darf daher nicht am Weihnachtsschikurs teilnehmen.

Zur Kenntnis genommen
Fendrich

***

18. Februar 1971:

Sehr geehrter Herr Fendrich!
Das Benehmen Ihres Sohnes ist eine Beleidigung für dieses Institut. Er entwürdigt das Amt des Naturgeschichtswartes, indem er das menschliche Skelett, welches sich von Anbeginn im Besitz unserer Schule befindet, obszön bemalt und bekleidet. Es ist uns allen ein Rätsel, wie es Ihr Sohn in die Oberstufe geschafft hat. Außerdem weigert er sich seit Monaten, den Text von Gaudeamus igitur zu lernen. Ich muß mit Ihnen sprechen!!
Bitte um Kenntnisnahme
Der Klassenvorstand

Zur Kenntnis genommen
Fendrich

***

10. Februar 1975

Herr Fendrich!!
Warum höre ich nichts von Ihnen? Ihr Sohn steuert mit zwei Nichtgenügend und sechs Ermahnungen (sogar in Musik) einem schulischen Fiasko entgegen. Wie finden Sie das? Ich habe Sie schon mehrere Male zu mir eingeladen, ohne daß Sie mir die Ehre gegeben haben. Auch unsere Korrespondenz erfolgt eher einseitig.
Bitte dringend um Kenntnisnahme
Der Klassenvorstand

PS.: Freche Antworten und Streitsucht im Religionsunterricht veranlaßte den Lehrkörper, Ihren Sohn von der Ostermesse auszuschließen.

Zur Kenntnis genommen
Fendrich

***

11. Februar 1975

Sehr geehrter Herr!!
Glauben Sie ja nicht, mir wäre entgangen, daß Sie schon seit geraumer Zeit die Unterschrift Ihres Vaters fälschen und mich zu einem Trottel stempeln, indem ich mit einem Phantom korrespondiere. Ich weiß, daß Ihr Vater keine einzige meiner Zeilen je gelesen hat. Auch die Kargheit seiner Antworten finden sicherlich ihre Begründung in Ihrer Fähigkeit, nur die Worte „Zur Kenntnis genommen – Fendrich" perfekt imitieren zu können, Sie Anfänger.
Sie sind auf dem Weg ins Zuchthaus!
Der Klassenvorstand

Mit Bedauern zur Kenntnis genommen
Fendrich

***
12. Februar 1975

Jetzt reicht's aber, Fendrich!! Ich will sofort Ihren Vater haben, Sie dreckiger Pharisäer, und wenn er nicht will, dann hole ich mir Ihre Mutter. Das wird Ihnen noch leid tun. Ich bringe Sie noch vor Gericht.
Der Klassenvorstand

(Darauf verschwindet das Mitteilungsheft)

***
13. Februar 1975

Sehr geehrter Herr Oberstudienrat!
Ich bin etwas betroffen über Ihre Anschuldigung, ich hätte die Handschrift meines Vaters gefälscht. Ihrer geschätzten Aufmerksamkeit wird sicherlich nicht entgangen sein, daß ich bereits zweimal eine Klasse wiederholen mußte und daher zwar erst in der achten Klasse, aber bereits im 20. Lebensjahr bin. Da es sich um mein Mitteilungsheft handelt, fühle ich mich mit der Anrede „Sehr geehrter Herr Fendrich" nicht nur angesprochen, sondern auch angesichts meiner Volljährigkeit zeichnungsberechtigt. Schleierhaft ist mir nur, welchen Sohn Sie meinen. Ich bin weder verheiratet noch habe ich Kinder...

***

15. Februar 1975

Ich kann Ihr süffisantes Grinsen direkt vor mir sehen, während Sie diese Zeilen lesen. Sie halten sich wohl für sehr clever. In Wirklichkeit aber sind Sie der faule Apfel, der die anderen ansteckt. Ihr mieser Charakter wird nur noch durch Ihre Orthographie übertroffen. Sie werden sich noch wundern im Leben.

Ihr Klassenvorstand

***

24. Juli 1985

Lieber Freund !
Gestern habe ich Sie wieder einmal im Fernsehen gesehen und da habe ich mir gedacht, ich muß einmal nachfragen, ob er sich noch an seinen alten Klassenvater erinnern kann. Ich habe ja immer schon gesagt, daß Sie anders sind als die anderen. Wir sind alle mächtig stolz auf Sie. Ich war ja sozusagen der erste, der Ihre literarische Ader entdeckt hat. Nie werde ich vergessen, welch spaßiger Vogel Sie immer waren. Möge Ihnen Ihr Humor nie verlorengehen. Besonders dann, wenn Ihr Sohn einmal schreiben kann, werden Sie ihn dringend brauchen.

Mit freundlichen Grüßen
Oberstudienrat a. D. DDr…

Der alpine Skilauf

Vorgetragen bei der Tournee 1985

Der alpine Schilauf, die sportliche Fortbewegung auf Schnee und Eis.
Eine Betrachtung von Prof. Dr. Anton Lech.

Einer der ersten, der diese Sportart ausübte und sie auch heute noch in höchster
Perfektion beherrscht, ist der in den heimischen Alpen ansässige homo austriacus
tyroliensis. Erscheinungsbild: kernig, bärig und sakrisch.

Ein Bergvolk, das sogar im Zeitalter der Elektronik nicht darauf verzichtet, sich
auch auf weite Entfernungen hin durch gutturale Laute zu verständigen. Den
Anfängen des alpinen Schilaufes lag der Grundsatz „gleiten statt stampfen"
zugrunde, und so versuchte man auf selbstangefertigten, länglichen und vorne
aufgebogenen Hölzern von einem Gehöft zum anderen zu rutschen, wobei es von
Vorteil war, wenn sich das zweite unten am Berg befand. Durch das Gefälle
entstand ein lustvolles Geschwindigkeitsgefühl, das andererseits das Problem des
Anhaltens mit sich brachte. Nach einigen vergeblichen Versuchen, sich an Ästen
und Zweigen festzuhalten und dadurch zum Stehen zu kommen, versuchte man
durch Gewichtsverlagerung ein Querstellen der Bretter herbeizuführen, um dadurch
wiederum die Geschwindigkeit zu verringern. Eine auch heute noch weit verbreitete
Technik. Der Anfänger kann bereits für einen geringen Eigenaufwand von 25000
Schilling eine Grundausrüstung erwerben, mit der er sich ohne weiteres in Restaurants,
Bars und Discotheken sehen lassen kann und sogar noch in der Seilbahn eine gute
Figur macht. Auf der Piste empfiehlt sich der modische Einschnaller, der beide Füße
schmerzfrei abbindet, dazu farblich passend Jethose und Slalompullover, der durch
gepolsterte Schultern und Ellbogen ein müheloses Rempeln am Lift ermöglicht.
Keinesfalls zu vergessen sind Schier. Dabei sollte man, auch wenn man es sich nicht
leisten kann, unbedingt aus der oberen Preisklasse wählen, unter dem Motto: Ich
fahre einen Kneissl Schi – auch wenn ich in der Scheissel knie.

Ein wichtiges Wort noch zu den Gefahren der heimischen Bergwelt: Sehr zu
empfehlen ist es, sich nach den Schneeverhältnissen zu erkundigen. Es ist nicht alles
Firn, was glänzt, und so mancher, der sich Pulver erhoffte, ist in den Harsch gefahren.
Freundliche Schilehrer, erkennbar an Lederhaut und Spiegelbrille, helfen gerne mit

Bauernregeln aus, wie: Hoat is hoat und woach is woach, aber allerweil woach is a hoat.

Wie oft sah man schon zünftige Tiefschneefanatiker mit einem herzhaften „Mi leckts am Orsch" in einen Lawinenhang huschen. Die Hunde wissen bereits, wo sie zu suchen haben.

Aber auch die präparierte, gut sichtbar gekennzeichnete Piste birgt ihre Gefahren in sich. Eine davon lauert unter der Schneedecke, stumm abwartend und gnadenlos: die Latsche, auch Krummholz oder Krummföhre genannt. Nicht wie ihre Schwestern, die Rot- und Schwarzföhre aufrecht stehend und für den Schiläufer weithin sichtbar, wartet sie heimtückisch und unsichtbar auf den Sportler. Wehe dem, der nicht im Besitz einer längs- und kreuzweisen, quer drehbaren, diagonal auslösenden Bindung ist, er wird unweigerlich ein Opfer der alpinen Flora. Doch wir können beruhigt sein. Planierfahrzeuge und Millionen von Stahlkanten werden bald jeden Grashalm und jede gefährliche Wurzel vollends vernichtet haben, so daß wir auf traumhaft schnee- bedeckten Schutthalden dem weißen Sport frönen können, denn wie's darunter aussieht, geht keinen was an.

Schi heil!

Der General

Vorgetragen bei der Tournee 1988

Einen Teil meiner Militärzeit verbrachte ich als Fahrer eines Generals.

An einem lauschigen Maimorgen war es soweit: Ich durfte in das Nervenzentrum österreichischer Landesverteidigung, in das Walhalla jedes Wehrmannes, in das Armeekommando Wien-Hütteldorf vordringen, um meinen Dienst anzutreten.

„Ah, Sie sind der Neue? So, so. Also kommen S' herein, nehmen S' Platz und machen S' die Tür zu. Sie sind Fähnrich?"

„Nein, mit Verlaub, Herr General, ich heiße nur so und nicht einmal das, vielmehr ich klinge nur so, mein Name ist Fendrich."

„Sie heißen nur so und san gar nix? Des fangt ja scho wieder guat an. Na, lassen Sie sich anschauen. Stehen S' auf. Naja, Rambo sind S' keiner."

„Bitte Herr General, ersuche höflichst bemerken zu dürfen, ich habe eine vierwöchige Nahkampf-Ausbildung in Stockerau hinter mir."

„Ja, is scho guat, i brauch an Chauffeur und kan Stuntman. Können S' tarockieren? "

„Nein, Herr General. Leider nicht. "

„Was haßt leider nicht?"

„Das heißt, daß ich leider nicht tarockieren kann."

„Sie können net tarockieren. Wie sind Sie da bis zu mir vorgedrungen?"

„Bauernschnapsen könnte ich ein wenig."

„Jetzt haben S' aber a Glück ghabt. Grad in ihrem Alter san strategische Spiele besonders wichtig für die Charakterbildung. Also passen S' auf, bei mir hat man ein schönes Leben, wenn man drei Dinge einhaltet: Disziplin, Disziplin, Disziplin. Ich glaube, wir haben uns verstanden. Morgen, sieben Uhr, pünktlich vor meinem Haus."

„Jawohl, Herr General."

„Sagn S' net immer ‚Jawohl, Herr General', san S' net so förmlich, sagn S' afach ‚Ja, Herr General'. Also morgen punkt sieben, mit kürzeren Haaren und längerer Hose. Sie haben dabei: alle Tageszeitungen, den neuesten ‚Playboy' und dann san S' no fesch und hupfen S' in an Konfiserieladen und bringen S' ma mit a Diabetes von Suchard oder bringen S' liaber zwa, weil ane frißt ma immer da Minister weg."

Am Feldherrenhügel im Gespräch mit einem erläuternden Offizier

„Na, da is aber frisch heroben, aber ma hat an herrlichen Blick."

„Sehr gut beobachtet, Herr General. Genau aus diesem Grund haben wir diesen Standort gewählt, weil man von hier einen quasi Gesamtüberblick hat über das Operationsgebiet."

„Ich liebe das Alpenvorland, besonders der Herbst is so schön um diese Jahreszeit. Eine fantastische Aussicht. Aber ma sicht ja gar nix von die Truppen."

„Getarnt, Herr General, alles getarnt. Unternehmen Robin Hood."

„Des is gescheit, aber wissen tät i scho ganz gern, wos denn stecken, meine Buben."

„Herr General sehn vielleicht links diese drei Haselnußstauden. Das sind drei Schützenpanzer. Der Komposthaufen unmittelbar daneben birgt eine Flieger-abwehrkanone in sich, um die einzige Brücke über den bereits verminten Kulmer-bach zu verteidigen. Es handelt sich um die rote Partei. Die Blauen befinden sich seit drei Tagen in jenem Maisfeld, das Sie rechts oben sehen. Sie werden auf Befehl des Herrn General mit Infanterie, Pionieren und Luftunterstützung versuchen, die Brückenblockade zu durchbrechen, um die Metropole Semmelkirchen in ihre Gewalt zu bringen."

„Warum wollen wir das?"

„Weil sich im Konsum der Ortschaft ein Munitionsdepot befindet und in der Raiffeisenkasse das gegnerische Hauptquartier. Wir warten eigentlich nur noch auf Ihre Befehle."

„Na bumm, des wird ja sehr laut werden."

„Des is anzunehmen, Herr General. Aber das is halt amal so im Krieg. Dazu kommt noch, daß wir einige Übungen mit scharfer Munition durchführen werden, weil das Österreichbild heute mitfilmt."

„Mia san im Fernsehen? Des sagn S' ma erst jetzt, wo i nicht eine Ordensspange dabei hab, i bin ja quasi nackert!"

„Wie gedenken Herr General im weiteren jetzt vorzugehen?"

„Na wir müssen jetzt auf alle Fälle rasch handeln. Jetzt passen S' auf. Die Roten warten eh. Die Blauen halten S' auf. Fendrich, Sie fahren in die Putzerei und holn mein Tarnanzug und i ruf mei Frau an, damit sie für halb sieben den Videorecorder programmiert."

Empfang in der italienischen Botschaft

Ich erwarte den Herrn General in „Habt acht"-Stellung neben einem bis in die Zündkerzen gereinigten VW K 70.

„No, Sie san wenigstens pünktlich, des hab i gern. Den Empfang heute brauch i wia a Gürtelrose. Empfänge in der italienischen Botschaft zählen zu den lautesten. Ma versteht ka Wurt, weu so vü Tapferkeitsmedaillen scheppern. Was sagn Sie dazu, Fendrich?"

„Ich sage gar nichts, Herr General."

„Das is auch besser. So sagn S' ma lieber, wie Ihnen mei neue Galauniform gefallt!"

„Das gedeckte Weiß steht Ihnen ausgezeichnet, Herr General."

„So? Mei Frau sagt, i schau aus wia a schwangerer Eisbär."

„Da kann ich die Meinung der Frau Gemahlin leider nicht teilen. Ich finde, der Reinseiden-Waffenrock verleiht Ihnen ein sehr jugendliches Flair."

„Sie sind ein Schmeichler, Fendrich, aber Sie haben Geschmack. Aber tu ma net umadumtun, schau ma, daß ma weiterkommen."

„Wie spät hammas denn?"

„Viertel vor neun."

„U jeh."

„Soll ich mich beeilen, Herr General?"

„Na, na, im Gegenteil. Mia san zu früh. Fahrn S' no um a paar Häuserblock, zuerst reden eh die Pfaffen, dann der Minister, der Trottel. I kumm erst zu die Bundeshymnen."

Nachdem wir mehrere Male die italienische Botschaft umkreist haben:

„So, i glaub, jetzt werd i mi in die Schlacht werfen. Hoffentlich hams heut an gscheitn Champagner, net wieder so a Spumanti-Gschloder wia des letzte Mal. Was starren Sie mich so an, Fendrich?"

„Herr General, erlaube mir bemerken zu dürfen, Sie haben am rechten Fuß noch den Hausschuh an."

„Des is aber blöd."

„Was mach ma denn jetzt, Herr General?"

„Was wern ma scho machen. Sie gehen jetzt rein und sagn, ‚Der Herr General hat sich beim allmorgendlichen Waldlauf mit der Kompanie den Knöchel verstaucht', und i wer den ganzen Abend hatschen."

Zeittafel

Jahr	privat	Karriere	Medien
1955	geb. in Wien am 27.2.		
1961 bis 1977	Volksschule, Gymnasium, Studium	Erste Gitarre mit 15	
1978		Erste kleine Rollen am Theater	
1980		Jahresvertrag am Wiener Schauspielhaus 1. Album „Ich wollte nie einer von denen sein"	
1981		Sommerhit „Strada del sole" 2. Album „Und alles ist ganz anders word'n"	Moderation „Kärnten International" und „Junge Mädchen machen Mode" Hörfunk „Teestunde"
1982	Verlobung mit Andrea Sator	Sommerhit „Oben Ohne" 200 Vorstellungen „Jesus Christ Superstar" im Theater an der Wien 3. Album „Zwischen eins und vier"	Sieg bei „Pop-Krone"-Wahl und bei der Starwahl des Rennbahn Express
1983		Österreich-Tournee Single „Erobict, sierobict" 4. Album „Auf und davon" Open-Air mit W. Ambros	
1984	1.5. Hochzeit mit Andrea, Übersiedlung nach Brunn am Gebirge	Heurigensingle „'s Naserl" mit W. Ambros	Fernsehshow „11 Titel" mit Peter Patzak Erste Filmrolle „Coconuts"
1985	26.1. Geburt des Sohnes Lukas	5. Album „Wien bei Nacht" Video „Wien bei Nacht" mit Peter Patzak Single für die Äthiopienhilfe „Warum?" Tournee durch Deutschland, Österreich und Schweiz	Österreichischer Schallplattenpreis als bester Komponist „Pop-Amadeus" als bester Komponist
1986	Erstes eigenes Pferd	Plattenfirmenwechsel von Polygram zur BMG Ariola 6. Album „Kein schöner Land" Ausverkaufte Tournee in Großhallen	Preis der Deutschen Schallplattenkritik TV-Aufzeichnung des Wr. Stadthallenkonzertes

Jahr	privat	Karriere	Medien
1987		7. Album „Voller Mond"	„Pop-Amadeus" für bestes Gesamtwerk Ö3-Open-Air Burgruine Finkenstein
1988	Geburt von Tochter Teresa	Sommerhit „Macho Macho" (erste Produktion mit T. Gomez) Tournee mit 160 Konzerten	1. Platz ZDF-Hitparade TV-Show-Auftritt mit Reinhard Mey
1989	Plötzlicher Tod seiner Tochter	Single „Tango Korrupti" Liveplatte „Das Konzert" 8. Album „Von Zeit zu Zeit"	„Goldener Pinguin" des Rennbahn Express
1990	Vier Monate Aufenthalt in Florida	Single „I am from Austria" Open-Air-Tournee	1. Buchveröffentlichung: „Aus dem Leben eines Taugenichts", Biographie von Peter Leopold Moderation der Umweltshow TV-Show „I am from Austria" „World Music Award" in Monaco als Österreichs bestverkaufender Musiker Videodreh am Großglockner Filmmusik „Cafe Europa"
1991	25.5. Geburt von Florian	9. Album „Nix is fix"	Hauptrolle in „Eurocops"
1992		Tournee mit 128.000 Zuschauern Liveplatte „I am from Austria" vom Rathausplatz (mit den Wiener Symphonikern)	Eröffnung der Wiener Festwochen am Rathausplatz Auftritt bei der Weltausstellung in Sevilla
1993		10. Album „Brüder"	Erste eigene TV-Show „Nix is fix" mit Jerry Lewis Moderation „Herzblatt" als Nachfolger von Rudi Carrell
1994	Urlaubsdomizil Mallorca	Große „Brüder"-Tournee	Zweite „Nix is fix"-Show mit den Gipsy Kings „Romy" des KURIER als beliebtester Showmaster Erster Werbevertrag für „Nöm MIX"
1995	Feier zum 40. Geburtstag im Theater an der Wien	11. Album „Recycled"	Dritte „Nix is fix"-Show

Liederindex